Carl-Auer

Die Reihe »Beratung, Coaching, Supervision«

Die Bücher der petrolfarbenen Reihe *Beratung, Coaching, Supervision* haben etwas gemeinsam: Sie beschreiben das weite Feld des »Counselling«. Sie fokussieren zwar unterschiedliche Kontexte – lebensweltliche wie arbeitsweltliche –, deren Trennung uns aber z. B. bei dem Begriff »Work-Life-Balance« schon irritieren muss. Es gibt gemeinsame Haltungen, Prinzipien und Grundlagen, Theorien und Modelle, ähnliche Interventionen und Methoden – und eben unterschiedliche Kontexte, Aufträge und Ziele. Der Sinn dieser Reihe besteht darin, innovative bis irritierende Schriften zu veröffentlichen: neue oder vertiefende Modelle von – teils internationalen – erfahrenen Autor:innen, aber auch von Erstautor:innen.

In den Kontexten von Beratung, Coaching und auch Supervision hat sich der systemische Ansatz inzwischen durchgesetzt. Drei Viertel der Weiterbildungen haben eine systemische Orientierung. Zum Dogma darf der Ansatz nicht werden. Die Reihe verfolgt deshalb eine systemisch-integrative Profilierung von Beratung, Coaching und Supervision: Humanistische Grundhaltungen (z. B. eine klare Werte-, Gefühls- und Beziehungsorientierung), analytisch-tiefenpsychologisches Verstehen (das z. B. der Bedeutung unserer Kindheit sowie der Bewusstheit von Übertragungen und Gegenübertragungen im Hier und Jetzt Rechnung trägt) wie auch die »dritte Welle« des verhaltenstherapeutischen Konzeptes (mit Stichworten wie Achtsamkeit, Akzeptanz, Metakognition und Schemata) sollen in den systemischen Ansatz integriert werden.

Wenn Counselling in der Gesellschaft etabliert werden soll, bedarf es dreierlei: der Emanzipierung von Therapie(-Schulen), der Beschreibung von konkreten Kompetenzen der Profession und der Erarbeitung von Qualitätsstandards. Psychosoziale Beratung muss in das Gesundheits- und Bildungssystem integriert werden. Vom Unternehmen finanziertes Coaching muss ebenso wie Team- und Fallsupervisionen zum Arbeitnehmerrecht werden (wie Urlaub und Krankengeld). Das ist die Vision – und die politische Seite dieser Reihe.

Wie Counselling die Zufriedenheit vergrößern kann, das steht in diesen Büchern; das heißt, die Bücher werden praxistauglich und praxisrelevant sein. Im Sinne der systemischen Grundhaltung des Nicht-Wissens bzw. des Nicht-Besserwissens sind sie nur zum Teil »Beratungsratgeber«. Sie sind hilfreich für die Selbstreflexion, und sie helfen Berater:innen, Coachs und Supervisor:innen dabei, hilfreich zu sein. Und nicht zuletzt laden sie alle *Counsellor* zum Dialog und zum Experimentieren ein.

Dr. Dirk Rohr
Herausgeber der Reihe »Beratung, Coaching, Supervision«

Mechtild Erpenbeck

Wirksam werden im Kontakt

Die systemische Haltung im Coaching

Fünfte Auflage, 2023

Themenreihe »Beratung, Coaching, Supervision«
hrsg. von Dirk Rohr
Reihengestaltung: Uwe Göbel
Umschlagmotiv: Schwabrillon 2016
Umschlagfoto: © Uwe Göbel
Satz: Drißner-Design u. DTP, Meßstetten
Printed in Germany
Druck und Bindung: CPI books GmbH, Leck

MIX
Papier | Fördert gute Waldnutzung
FSC® C083411
www.fsc.org

CPI klimaneutral
Mehr Bäume. Weniger CO_2

Fünfte Auflage, 2023
ISBN 978-3-8497-0183-3 (Printausgabe)
ISBN 978-3-8497-8076-0 (ePUB)

Bibliografische Information der Deutschen Nationalbibliothek:
Die Deutsche Nationalbibliothek verzeichnet diese Publikation
in der Deutschen Nationalbibliografie; detaillierte bibliografische
Daten sind im Internet über http://dnb.d-nb.de abrufbar.

Informationen zu unserem gesamten Programm, unseren Autoren
und zum Verlag finden Sie unter: **https://www.carl-auer.de/**
Dort können Sie auch unseren Newsletter abonnieren.

Carl-Auer Verlag GmbH
Vangerowstraße 14 • 69115 Heidelberg
Tel. +49 6221 6438-0 • Fax +49 6221 6438-22
info@carl-auer.de

Inhalt

Vorbemerkung

Sich schreibend zum Geschlecht der Wörter zu verhalten ist ein Drahtseilakt. Einerseits will ich mich gegen die selbstverständliche Ordnung wehren, dass das Allgemeine immer männlich ist und damit das Weibliche immer eine Abweichung bleibt, andererseits bereiten mir die verschiedenen zeitgenössischen Usancen, die Sprache politisch korrekt zu gendern, ein beträchtliches Missbehagen. So habe ich mich zu einem unordentlichen Sowohl-als-Auch entschlossen: dem Versuch, sowohl darauf zu achten, dass nicht alle Coachs und Coachees als »er« in Erscheinung treten, als auch, sprachverstümmelnde Klimmzüge möglichst zu vermeiden. Wenn Sie als Lesende (!) dabei gelegentlich die Stirn runzeln müssen, bitte ich Sie, sich einfach die jeweils andere Sprachform vorzustellen.

Einleitung

> »Der Erfolg einer Intervention hängt von der inneren Verfasstheit des Intervenierenden ab.«
>
> *C. Otto Scharmer nach Bill O'Brien*

Wer Menschen in ihrer Entwicklung begleitet, kommt um eine innere Haltung nicht herum. Sie ist Dreh- und Angelpunkt für Handlungswirksamkeit und berufliche Identität. Die meisten Erfahrungen in Coaching, Training und Beratung mit Einzelpersonen und Gruppen, die Begegnungen mit unterschiedlichsten Unternehmen und Organisationen, samt ihren jeweiligen Kulturen und Führungsleitbildern, führen immer wieder zu diesem Punkt zurück.

Wenn man sich im systemischen Ansatz zu Hause fühlt und sich dort nach dem Stellenwert der inneren Haltung umschaut, scheint diese so etwas wie ein Phantom zu sein, eine Art Hausgeist: Man weiß nicht so genau, in welcher Ecke sie wohnt und wann und wie sie sich zeigt, aber im Haus dreht sich ganz viel um sie. Unstete Blicke wandern in die dunklen Ecken der Boudoirs und Salons. Brillen werden hastig aufgesetzt, wenn ein Schatten vorbeihuscht, oder sie werden verstohlen abgesetzt, weil es manchmal besser ist, nicht hinsehen zu müssen. Man versammelt sich zu gediegenen Runden in der Bibliothek und diskutiert wieder und wieder über das Phänomen und seine Implikationen für die Familie und das gesamte Geschlecht. Die einen vertreten in gesetzten Worten den Standpunkt, die Haltung markiere den entscheidenden Unterschied zwischen den verschiedenen Coachingschulen, die anderen streiten mit bemerkenswert ideologischem Ernst darüber, ob es überhaupt so etwas wie eine systemische Haltung gibt. So ein Geist passt nicht immer ins Konzept.

So ist es in diesem ehrwürdigen Hause vielleicht angebracht, in bewährter Manier zu fragen: Was würde sie über sich sagen, wenn sie sprechen könnte, die innere Haltung? Woran erkenne ich, dass sie da ist? Was müsste ich tun, um ihr nachhaltig die Tour zu vermasseln? Woran merken es andere, dass sie grad schwächelt? Was gälte es aufzutischen, wenn man sie als temporären Gast einladen wollte? Wie stylt sie sich zu welchen Anlässen? Wer müsste was tun, um sie in die Flucht zu schlagen? Und vor allem: Was fehlt, wenn sie nicht da ist?

Ist eine innere Haltung gar auf der gleichen Ebene zu verstehen wie eine Neurose oder Krankheit, die man ja bekanntlich in ähnlicher Weise »hat«? Zumindest kann man sagen, dass einen ein solches Geschehen nicht »überfällt« oder »heimsucht« wie eine Krankheit. Jedenfalls ist bislang noch kein solcher Fall schicksalhafter Heimsuchung durch eine innere Haltung ruchbar geworden.

Das, was wir so nennen, konzeptualisieren wir anders, prozesshafter: als etwas, das einem zuwächst, in das man hineinfindet. Man erarbeitet sie sich – vielleicht im Zuge einer Ausbildung –, man nimmt sie an, man formt sie, in ihr bilden sich Lebenserfahrung und persönliche Wertebindung ab. Sie ist das unsichtbare Kondensat des professionellen Könnens.

Instrumente und Techniken anzuwenden ist nicht schwer, das lernt sich schnell. Und da dies der sichtbare Teil im Handeln eines Coachs ist, verwechselt man oft die Kunst mit dem Handwerk. *A fool with a tool is still a fool.*

Wie aber finde ich denn in eine professionelle Coachinghaltung hinein? Wie steuere ich mich selbst dahingehend? Was daran hat mit dem systemischen Denken zu tun und was nicht? Oder auch: Gibt es ein systemisches Fühlen? Was und wie sollte ich empfinden, wahrnehmen und denken können? Wie kann sich meine Aufmerksamkeit gleichermaßen nach außen wie nach innen richten? Wie spreche ich mit mir, um mich immer wieder neu und mit aufrichtigem, wachem Interesse meinen wechselnden Coachees zu widmen? Wie justiere ich immer wieder neu, ob ich mein Gegenüber innerlich wirklich auf Augenhöhe habe? Wie schaffe ich aus mir heraus eine echte Begegnung, eine gedeihliche Koppelung mit der jeweiligen Person? Wie viel Distanz, wie viel Nähe ist gut? Wie gehe ich mit meinen eigenen Affekten um? Was mache ich ggf. mit Abneigung, Langeweile, Kontrollgelüsten, Angst, Abwertung, Unterlegenheitsgefühl, Verwirrung, Ratlosigkeit, Wertekonflikten oder Anziehung? Welche Verantwortung habe ich? Wie kann es mir gelingen, selber in jedem Moment in der Unmöglichkeit die Möglichkeit im Blick zu haben? Wie kann ich durch mein So-Sein dazu beitragen, dass mein Gegenüber berührt wird und in Kontakt mit sich selber kommt? Wie genau bildet sich die viel beschworene Neutralität als Grundhaltung innerlich ab, wie kann ich sie überprüfen, korrigieren? Wie halte ich bei all dem meine Denkweise elastisch und lebendig?

Der professionelle Umgang mit den hier aufgeworfenen Fragen ist zweifelsohne eine unverzichtbare Grundvoraussetzung für erfolgreiches Handeln. Nur findet sich dafür nicht so leicht eine Sprache. Für all das, was Fragen der inneren Verfasstheit angeht, ist die systemische Begrifflichkeit nicht wirklich gemacht, und das Angebot ist entsprechend mager. Da diese Brille also dem gewünschten Durchblick nicht immer hinlänglich zustattenkommt und die Vielbrillerei ja zu unseren ehrwürdigen Prinzipien gehört, so mag es erlaubt sein, in den folgenden Überlegungen bisweilen auch auf die alten, dicken, klobigen Brillen zurückzugreifen, durch die in den vergangenen Jahren und Jahrzehnten schon so manches im Berufsfeld der Beratung theoretisch betrachtet wurde. Auch ein paar aktuellere, leichtere und schickere Modelle werden zum Einsatz kommen. Die Erfahrung der Praxis lehrt, dass das situative Tragen all dieser Brillen eine signifikante Erhöhung der Handlungsoptionen bietet. Es gilt, sich aus dieser Kollektion mit Bedacht – je nach den aktuellen Sichtverhältnissen – zu bedienen, und sie einer systemischen Perspektive zur Verfügung zu stellen. Anders gesagt: Die Neubewertung und Inklusion von Theorien, Ansätzen und Werkgeheimnissen unterschiedlicher Professionsfelder kann für eine spannende Reise über viele Denkgrenzen hinweg sorgen.

Diese Reise – oder sagen wir: diese eine von vielen möglichen anderen Reisen – soll im vorliegenden Buch angetreten werden, mit all den erwähnten Brillen im Gepäck.

Stellen Sie sich sozusagen auf eine kleine eklektische Landpartie ein, die zu ausgewählten Orten führt, an denen sich die Frage der inneren Haltung immer wieder neu aktualisiert – gleichermaßen als Problem wie als Lösung. Immer in der Hoffnung, dass sich auf diese Weise unversehens das Rätsel um den berühmten Hausgeist erhellt. Reisen bildet ja, wie man weiß. Der Fairness halber möchte ich für alle dem Unterfangen Zugeneigten hier noch schnell zu bedenken geben, dass die Reiseleitung keinerlei Anspruch auf flächendeckende Landeskenntnis erhebt. Nach aufregenden und weitschweifenden Expeditionen in die verzweigten Gefilde der theorieproduzierenden Fachwelt schärft sich der Blick für die einfachen Dinge, wächst die Achtung vor den vertrauten, unscheinbaren Orten der heimatlichen Umgebung. Die Einsicht, dass viele Schätze schon immer direkt vor der eigenen Nase lagen, hatte zugegebenermaßen Einfluss auf die Reiseroute. Für veritable Abenteurer ist dieser Ausflug also vielleicht nicht das Richtige, eher schon für interessierte Flaneure und notorisch Neugierige.

Beim Schreiben habe ich mir junge Kolleginnen und Kollegen vorgestellt, für die die Tour interessant sein könnte – vielleicht besonders solche, deren systemische Ausbildung noch ganz frisch ist. Aber auch Resonanz bei den alten Hasen im Kollegenkreis ist denkbar, zumal bei jenen, die auf einer ähnlichen Suche sind.

Die mit den Kapiteln vorgegebene Route ist nicht zwingend. Wie bei den Routenvorschlägen eines Reiseführers ist die Abfolge und Komposition der Stationen zwar mit Bedacht gewählt, man kann bei gutem Orientierungssinn den Weg aber auch anders herum gehen, Teilstrecken auswählen oder nur einzelne Stationen besuchen. So können Sie in diesem Buch ganz nach Gusto herumspazieren.

Alles in allem ist das Buch so etwas wie ein Brevier der professionellen Achtsamkeit. Als solches taugt es hoffentlich dazu, dass Sie es hin und wieder aufklappen, um einen Gedanken herauswehen zu lassen, der sich in eine Inspiration oder eine Erinnerung an einen Vorsatz verwandelt.

1 Aufmerksamkeit

Beginnen wir also die Reise und sammeln uns am Ausgangspunkt. *Alles Gesagte wird von Beobachtenden gesagt.* So, leicht abgewandelt, lautet der systemische Hauptsatz. Das kann doch in einer ersten, ganz einfachen Konsequenz nur bedeuten, dass die Beobachtung, die die Weichen für jede Interaktion stellt, unter Beobachtung gehört. Erste Bürgerpflicht für Coachs ist es demnach, die eigene Aufmerksamkeit zu kultivieren und zu professionalisieren. Lange, bevor ich überhaupt handle – sei es sprachlich, sei es nichtsprachlich –, hat sich meine Aufmerksamkeit schon einen Fokus gesucht, eine Perspektive auf das zu beobachtende Geschehen. Was ich in den Blick nehme und was nicht, mit welchen eigenen Erfahrungen ich Wahrgenommenes auflade und in welche innere Schublade es dadurch gerät, das alles sind in der Regel Abläufe in meinem geistig-seelischen System, die sekundenschnell und auch weitgehend unwillkürlich vonstattengehen.[1] Und weil das so ist, bleibt uns doch gar nichts anderes übrig, als zum einen die eigene Beobachtung zu beobachten, um gegebenenfalls Einfluss nehmen zu können, und zum anderen die Aufmerksamkeit für alles, was im Außen passiert, so weit wie nur möglich aufzuspannen. *Energy flows where attention goes.* Es gilt, dafür zu sorgen, so aufnahmefähig und aufnahmebereit zu sein, dass wir immer über mehrere Möglichkeiten des Verstehens verfügen. Je mehr, desto besser. Dazu gehört schon ein gerüttelt Maß an innerer Arbeit.

1.1 Zuhören

Ohne die Fähigkeit zuzuhören geht in der Kommunikation gar nichts. Im Coaching noch weniger. Zuhören ist so etwas wie die Grundstellung im Tanz mit den Coachees. Aber schon hier können wir unversehens stolpern. Gäbe es eine Methode, die Gedanken und Gefühle eines Coachs während des stillen Zuhörens in einer beliebigen Coachingsitzung sichtbar zu machen, es ließe sich im Handumdrehen

1 Was das Verstehen dieser unbewussten Vorgänge anbelangt, hat die Hirnforschung der jüngeren Zeit manch Neues beigetragen. Gerald Hüther (2005) lieferte eine sehr handhabbare und plastische Aufbereitung der wichtigsten Forschungsergebnisse, die für die Praxis des Coachings und Selbstcoachings von Belang sind.

eine Aussage über die Qualität des Coachings machen. Da hat sie noch gar nichts getan. Es wurde noch nichts gesagt, keine Fragetechnik oder Methode angewandt, keine Intervention gesetzt – nichts.

Was geschieht auf unserer inneren Bühne beim Zuhören? Zunächst einmal gilt es, gewahr zu werden, ob sie überhaupt angemessen frei ist. Oder ob dort vielleicht noch ein ganz anderes Stück in vollem Gange ist: turbulente Gedanken und Gefühle aus meinem privaten Erleben, die nachdenkliche Beschäftigung mit der vorhergehenden Coachingsitzung, tiefe Sorge um den Weltfrieden – was immer es sei. Etwas davon ist eigentlich immer da. Schließlich können wir den Strom unserer inneren Bilder, Gedanken und Gefühle nicht abschalten. Wir können nicht nicht denken, solang wir nicht tot sind oder im Koma liegen.

Um das Gewahrsein aus der Beschäftigung mit anderen Dingen herauszuholen, und möglichst plastisch in die Begegnung mit dem Klienten hineinzulenken, hilft es, die Erscheinung dieser Person aufmerksam zu betrachten. Das heißt, von Kopf bis Fuß hinzuschauen. Was strahlt die Person für eine Energie aus? Welchen Unterschied zur letzten Sitzung/zum ersten Händedruck nehme ich wahr? Wie würde ich die Person heute mit einer Metapher beschreiben? Stiller Bergsee, öde Landschaft, brodelnder Vulkan, trauriger Clown, verschreckte Prinzessin, Panzerschrank, zerlaufende Uhr – was auch immer als Erstes kommt. Selbst wenn sich in dieser kleinen gesteuerten Hinwendung zu meinem Gegenüber kein klares Bild formt, so habe ich mich doch wenigstens einen intensiven Moment lang mit meiner Wahrnehmung der Person beschäftigt und kann mir sogar schon mal meine ersten Fantasien bewusst machen. Sich eine solche Betrachtung des Menschen zu erlauben – so, wie man auch ein Kunstwerk aufnehmend betrachtet, es für sich weiterspinnt, es intuitiv für sich übersetzt, sich inspirieren lässt, unwillkürlich Vergleiche und Assoziationen bemüht –, das ist eine vortreffliche mentale und emotionale Rutsche in die angemessene offene Aufmerksamkeit einer Person gegenüber.

Manchmal scheint es, als wenn in Systemikerkreisen die Abneigung gegen jedwede Deutung und Diagnostik dazu führt, dass man den Nutzen der Fantasie und den Reichtum der inneren Resonanz auf Wahrgenommenes tendenziell aus dem Blick verliert – nicht unbedingt in Bezug auf die Klienten, wohl aber in Bezug auf die Professionellen, die Beratenden, Coachs und Therapeuten selbst.

Folgendes ließe sich dazu denken: Wenn man die Sache mit der nicht wirklichen Wirklichkeit ernst nimmt, wenn also all das, was wir für gegeben halten, lediglich unsere Sicht der Dinge spiegelt, dann, ja dann fällt auch bereits dieser Gedanke darunter, denn er konstruiert in seiner Schlüssigkeit eine Realität. Dann gilt das für alle gedachten Gewissheiten – auch die systemischen! Dann sind all unsere »Erkenntnisse« nichts weiter als das, was wir aus unserer jeweiligen Welterfahrung zusammenbauen, um uns zu der Welt unseres Gegenübers ins Verhältnis setzen zu können. Nichts von dem, was wir zu erkennen glauben, hat in diesem Sinne Anspruch auf Gültigkeit. Auch wenn wir gerade besonders schlau darüber nachdenken können. Wie in diesem Moment zum Beispiel. So funktioniert doch konsequent angewandte Rekursivität. Das mag verwirrend und paradox klingen, gleichzeitig haben diese Gedanken etwas sehr Tröstliches: Auch wenn ich mich noch so sehr bemühe, komme ich aus der omnipräsenten Klemme nicht raus. Was tun? Machen wir was daraus! Seien wir so kreativ wie möglich, spielen wir mit Ideen und teilen sie einander mit, erfinden wir, spinnen wir, brauen wir etwas zusammen und prüfen dann gemeinsam, ob's zu was taugt. Wenn nicht, dann nicht. Diese Haltung in Verbindung mit einem grundsätzlich achtungsvollen Umgang im professionellen Tun kann nur fruchtbar und zieldienlich ist.

In jeder Begegnung wird uns eine Fülle an »Material« geliefert. Von der ersten Sekunde an erhalten wir von unserem Gegenüber eine große Menge an Signalen, sprachliche wie körpersprachliche. Wobei die sprachliche Seite in der Regel relativ bewusst von der Person gesteuert wird, die körperliche hingegen weniger. Es ist für uns also besonders interessant, die Körpersprache der Coachees wahrzunehmen. Der körperliche Ausdruck mit all seinen Bewegungsfeinheiten und die Stimme mit ihrer Modulationsfähigkeit bilden – bezogen auf den Versuch, einen Menschen zu »lesen« – die mit Abstand verlässlichste Datenbasis. Nicht der Text ist wichtig, sondern der Subtext, denn darin ist die wichtigere Botschaft verborgen. Nun machen sich die ganz Eifrigen mit großer Konzentration und Akribie an diese Aufgabe heran. Jedes Wort, jeder Ton in der Stimme, jeder Blick, jedes Augenzucken oder Fußwippen wird genauestens registriert und klassifiziert,[2] damit

2 Einige Schulen, die sich in besonderer Weise mit Körpersprache beschäftigen, fokussieren auf die Bemühung dahinterzukommen, was die Person »eigentlich« meint. Dazu werden Körpersignale unbewussten Botschaften zugeschrieben. Hier ist z. B. das NLP schon früh zu einem beachtlichen diagnostisch-methodischem Wissen vorgedrungen. Zu erwähnen sei hier auch das Körpersprache-Alphabet von Keith Johnstone (1993), das auf verblüffende Weise über die unbewussten Körperinszenierungen der Macht Auskunft gibt. Die Skepsis diesen Ansätzen gegenüber beruht darauf, dass sie ein recht starres Deutungsschema nahelegen.

bloß keine verschlüsselte Information verloren geht. Das führt in der Regel dazu, den Kontakt zu der Person eher zu verlieren, als zu gewinnen. Nicht detailversessene Fokussierung, sondern eine gelenkte Defokussierung könnte zieldienlich sein. Gerade weil wir unwillkürlich geneigt sind, in einem Aufmerksamkeitsfokus »einzurasten«, braucht es als Gegenmittel einen entspannten, eher unscharfen Blick, eine weite, schweifende, gleichsam periphere Wahrnehmung. Nicht die einzelnen Bäume sind wichtig, sondern der Wald. Nicht die einzelnen Töne, sondern die gesamte Melodie.

Die Psychoanalytiker nennen das »freischwebende Aufmerksamkeit«. Sie sind Meister in dieser Art des Zuhörens. Allerdings gleicht der Vollzug in der Praxis bisweilen eher dem Beuteflug des Adlers: still in großer Höhe schwebend kreisen und gelassen beobachten, was sich am Boden so bewegt, und plötzlich im Sturzflug nach unten und geschickt die Beute gepackt. Das ist dann eine sogenannte »Deutung«. Und die kann gegebenenfalls fast so sehr wehtun wie die Krallen des Adlers im Nacken der Maus – zumindest dann, wenn sie zu früh vollzieht, was im psychoanalytischen Sprachjargon »einen unbewussten Anteil bewusst machen« heißt.

Dennoch hat der Terminus »freischwebende Aufmerksamkeit« Charme und beschreibt das Gebot der Stunde ausgesprochen plastisch und genau. Es geht um ein achtsames Zuhören, das sich nicht eng und kognitiv auf die Inhalte und ihre Bedeutung konzentriert, sondern eher weit und assoziativ ist – alle Eindrücke einschließend, die mir in dem Moment durch die sprechende Person zuwachsen. Sprachliche und nichtsprachliche Eindrücke zeitigen eine Resonanz in mir. Diese Resonanz stetig wahrzunehmen ist ein wesentlicher Teil der freischwebenden Aufmerksamkeit. Was empfinde ich, wenn ich das höre? Welche Antwort in mir findet der Ton, in dem mein Gegenüber spricht? Welche Bilder, Gedanken, Körperempfindungen entstehen in mir, wenn ich das höre und sehe? Welche »unerhörte« Geschichte erzählen mir die Kopfbewegungen? Was davon möchte ich gern in ein Schatzkästchen bergen, um an geeigneter Stelle daran erinnern zu können? Wie spinne ich unwillkürlich die Geschichten weiter, die nur angedeutet werden? Wie fügt sich das jetzt Gehörte mit schon Vorhandenem zusammen?

Eine volle Aufmerksamkeit hat also genau genommen immer vier Dimensionen:

- Das über meine Sinneskanäle unmittelbar *im Außen Wahrnehmbare*: Was sehe/höre/rieche/taste/schmecke ich hier und jetzt?
- Die Resonanz in meiner *eigenen Innenwelt*: Was löst das in mir aus?
- Die Fantasien und Hypothesen zur abwesenden *Außenwelt des Gegenübers*: Wie stelle ich mir das Erzählte szenisch vor?
- Die Fantasien und Hypothesen zum *inneren Erleben meines Gegenübers*: Was haben die berichteten Szenen in meinem Gegenüber ausgelöst? Welche Empfindungen, Fantasien, Bewertungen sind wohl für sie/ihn damit verbunden?

Diese Art von »freischwebender Aufmerksamkeit« ist ein zugewandter, der sprechenden Person ergebener, und gleichzeitig sehr freier, kreativer Akt. Ein Oszillieren zwischen dem Abtauchen in die fremde Innenwelt bzw. dem »Mitträumen«[3] und einem bewussten Beobachten, Erklären, Einordnen. Eine innere Verfasstheit, die mir alles erlaubt, selbst die schrägsten Assoziationen – sofern ich sie bewusst als Fantasie bzw. Hypothese betrachten und gegebenenfalls als solche zur Verfügung stellen kann. Später auf unserer Reise werden wir an einigen Möglichkeiten vorbeikommen, wie sich solche Interventionen gestalten lassen. Zunächst einmal gilt es, diese Aufmerksamkeit als ein stetes Training für das Bewusstsein zu verstehen, dass es hier zwar um Wahr-Nehmung, nicht aber um Wahr-Heit geht. Also, um mit Gunther Schmidt zu sprechen: um »Wahr-Gebung«.

1.2 Staunen

Kleine Kinder können es: vor einem Menschen stehen – z. B. im Gang der U-Bahn –, regungslos, mit großen Augen, völlig entspannten Gesichtszügen und offenem Mund, selbstvergessen in der Betrachtung des Gegenübers. Keinerlei eigene Regung, nicht die Spur einer Reaktion, eines mimischen Kommentars, eines eigenen Affekts. Das pure Staunen. Diese Ur-Form des Schauens ist noch radikaler, geht noch tiefer als die oben beschriebene Art der Aufmerksamkeit, die ja zu eigener Aktivität anregt, zu Fantasien, Gedanken und Assoziationen.

3 Bion (2009) nennt diesen Vorgang »*Rêverie*«, Träumerei. Ein zauberhafter Begriff. Er indiziert einen tagtraumähnlichen Zustand, der möglich macht, das Unbewusste der beiden Rollenträger in Resonanz zu bringen. Nota bene: »*Rêverie*« kann aber auch »Einbildung« heißen!

Das kindliche Staunen aber ist das vollständige In-sich-Aufnehmen des Anderen, des Fremden. Es ist, als wenn sich der eigene Innenraum einen stillen Moment lang ins Unendliche hinein dehnt, um der unbekannten Dimension eines anderen Universums Raum zu geben.

So pur, wie wir als Kind staunen konnten, so wird es als erwachsener Mensch wohl nie wieder werden. Nur noch selten erleben wir diesen Zustand vollständiger Versenkung. Es müssen schon erhabene Momente sein: ein Naturschauspiel, ein technisches Wunderwerk, ein überwältigendes Zeugnis für die kulturschaffende Kraft der Menschheit. Dann geschieht es einen Wimpernschlag lang doch: dass in uns nichts, aber auch gar nichts anderes ist als die Hingabe an das, was unsere Sinne wahrnehmen. Und da wir offenbar prinzipiell dazu in der Lage sind, müssten wir den Zugang zu der entsprechenden Ressource finden können. So scheint es doch durchaus möglich, sich auch bei kleineren Anlässen diesem inneren Zustand zu nähern – zum Beispiel in der Begegnung mit einem Menschen, der ins Coaching kommt.

Im Coachingdiskurs geistert allenthalben der Anspruch herum, man müsse im Umgang mit den Klienten eine »absichtslose« Haltung einnehmen. Dieser Begriff kann leicht irreführen. Es liegt ihm eine Verwechslung zugrunde: »Eine Absicht haben« muss nicht zwangsläufig gleichbedeutend sein mit »ein eigenes Ziel verfolgen« oder »eigene Interessen haben«. Das intentionale Handeln beginnt an einer ganz anderen Stelle: Sobald ich aktiv werde, etwas sage oder tue, habe ich zwangsläufig irgendeine Leitidee, die mich in der Wahl der Kommunikationsformen und Interventionen orientiert. Insofern habe ich durchaus eine »Absicht«. Und wenn es nur die dem Coaching ganz grundsätzlich innewohnende Absicht ist, Impulse zu setzen, die die Coachees beim Finden ihrer eigenen Lösung unterstützen. So ist es nicht nur unumgänglich, sondern auch notwendig, sich diese Metaabsicht im Bewusstsein zu halten.

Die einzigen Momente echter Absichtslosigkeit sind vielleicht die kurzen Momente des Staunens. Und damit ist auch etwas anderes als die systemisch-professionelle Grundhaltung gemeint, die beschriebenen Phänomene als anerkennenswerte Anpassungsleistungen zu verstehen. Das Staunen kommt sozusagen aus einem anderen inneren Raum.[4] Es gibt vieles, worüber es sich im Coaching staunen lässt: zum

4 An dieser Stelle ist es ratsam, sich auf Daniel Kahnemann (2012) zu beziehen. Er ist als der nüchterne Magier der Kognitionspsychologie sozusagen alternativlos.

Beispiel darüber, welch unerhörte Geschichten, Abenteuerromane und Psychothriller das Leben gerade für die Menschen geschrieben hat, die ganz und gar unscheinbar daherkommen. Ebenso in diesem Sinne *erstaunlich* ist immer wieder der opulente und nicht enden wollende Erfindungsreichtum, mit dem manch einer eine besonders lieb gewonnene Problemkonstruktion pflegt. Oder das Staunen gilt einfach der ungeheuren persönlichen Kraft, die jemand aufzubringen vermag, um in einer über die Maßen belastenden Situation zu verharren und zu überleben. Oder es ist die Geschwindigkeit, die Menschen entwickeln können, damit sie immer schneller sind als ihre eigene Angst. Oder ihre plötzlichen Entwicklungssprünge in vollkommen unvorhergesehene Richtungen. Die Liste der möglichen Anlässe zum Staunen lässt sich mühelos erweitern.

Momente des Staunens sind flüchtig und nicht planbar. Sie zeugen von einer tiefen Aufnahmebereitschaft. Wenn sie sich ergeben, bergen sie einen ganz speziellen Zauber, bieten eine unvergleichliche Möglichkeit, sich dem Gegenüber zu öffnen. Vor allem stützen sie auf die tiefste und nachhaltigste Weise eine wertungsfreie Haltung in der Begegnung. Denn wer staunt, kann nicht gleichzeitig ablehnen oder abwerten. Noch nicht einmal erklären und verstehen ist drin. In Momenten reinen Staunens sind wir im Wortsinn sprachlos und selbstvergessen.

Dies kann in unserer Arbeit eine sehr wertvolle Grundlage für alles darauf folgende Handeln sein: Ist er vorbei, der Moment des Staunens, folgt eine neugierige, vorsichtige Hinbewegung. So wie das Kleinkind in der U-Bahn nach langen Minuten stummen Staunens aus der Reglosigkeit »erwacht« und seine Hand z. B. nach den Dreadlocks seines Gegenübers ausstreckt. Eine behutsame und doch zielstrebige Geste. Der Anbeginn all dessen, was mit »Begegnung« gemeint ist. Alle Exploration beginnt mit dieser Urszene des Staunens. Aller Einsatz von Wissen und Können kommt danach.

1.3 Schweigen

Wer staunen kann, kann auch schweigen, so könnte man meinen. Ganz so einfach ist es allerdings nicht. Denken wir einen Moment über das Schweigen im Verlauf einer Gesprächssituation nach. Je nach Kontext kann ein Schweigen die unterschiedlichsten Formen annehmen: Es kann sich um ein eisiges Schweigen handeln, ein einvernehmliches

Schweigen, ein lauerndes, ein verbissenes, ein nachdenkliches Schweigen, ein Schweigen der Ratlosigkeit, der Trauer, der Scham. Immer aber ist es ein beredtes Schweigen. Schweigen ist Kommunikation. Es öffnet einen Raum, in dem in ganz besonderer Weise die Beziehung der beteiligten Personen zum Schwingen kommt. Erst wenn der Strom der Worte versiegt, wird spürbar, dass die Welt viel größer und mehrdeutiger ist, als die wohlgeformten Sätze zuvor glauben machten. Es entsteht eine Ahnung, dass vielleicht sogar alles bisher Gesagte den Blick nur vernebelt hat. So werden die entscheidenden Weichen für den Verlauf einer Begegnung nicht selten eher im Schweigen gestellt als im Reden.

Schweigen ist auch im Coaching die ungekrönte Königin der Interventionen. Und da es interaktionell hoch wirksam ist, erfordert es eine aufmerksame Beobachtung und einen bewussten Umgang – wie immer in erster Instanz mit sich selbst. Vor allem heißt Schweigen: Spannung halten können. Die Stille, die eintritt, wenn der Klang des Sprechens abreißt, löst Unbehagen aus. Wenn der stete Rhythmus von Rede und Replik innehält, kein Ton mehr im Raum ist, sich jäh die Leere einer Generalpause entfaltet, stellt sich im Handumdrehen ein Gefühl von Alarmiertheit und amorpher Ratlosigkeit ein. Das Bedürfnis, diesen Zustand schnellstmöglich zu beenden, springt automatisch an. Manchen wird gar heiß in einem solchen Moment, sie zeigen nervöse motorische Reaktionen oder lachen ein Übersprungslachen. Diese kleine Havarie in Gesprächssituationen kennen wir alle – nicht nur aus professionellen Kommunikationen.

Wenn es im Coaching geschieht, muss ich in der Lage sein, bewusst zu entscheiden, ob ich die entstandene Spannung eher auflösen oder halten will. Beides zu können ist wichtig. Spannung zu halten, ist dabei die anspruchsvollere Herausforderung. Sobald ich den unwillkürlichen Impuls habe, etwas zu sagen, um mich selbst von dem beschriebenen Unbehagen zu befreien, ist Gefahr im Verzug. Beliebt ist dabei zum Beispiel, eine gestellte Frage, die nicht gleich beantwortet wird, noch einmal zu präzisieren oder zu paraphrasieren, um die entstandene Stille zu überbrücken. Überhaupt sind weitere Erklärungen zum Gesagten ein unauffälliges Mittel zum Spannungsabbau, denn sie sind in der Sache immer gut begründbar. Wie viel »Schweigevermeidungstext« auf diese Weise produziert wird, kann man sich kaum vorstellen.

Man könnte von »Schweigekompetenz« sprechen und damit die Fähigkeit bezeichnen, Spannung in der Weise und in dem Maße halten zu können, die dem Prozess förderlich ist. Ohne Spannung entsteht keine Energie, keine Dringlichkeit. Ohne Spannung kann sich der Raum, den das Schweigen öffnet, nicht mit dem füllen, was gerade auftauchen will. Einfach ruhig und zugewandt warten, was passiert. Nichts tun, nichts sagen. Das ist eine Form der Aufmerksamkeit, deren Beherrschung schon eine gewisse Meisterschaft bedeuten kann.

2 Augenhöhe

Nach dieser ersten Etappe der Annäherung haben wir nun sozusagen die Basisstation erreicht. Hier geht es um Grundsätzliches: die Konzeptualisierung der Coachingbeziehung. Vieles der hochkomplexen Vorgänge in der Kommunikation lässt sich tadellos beschreiben, anderes hingegen verweigert sich der Beschreibung beharrlich. Wenn es schwierig wird, helfen Bilder immer mehr als abstrakte Begriffe. Für unsere multiplen Formen, Beziehungen zu gestalten, haben wir im Laufe der Jahrhunderte zahlreiche solcher Bilder gefunden – nicht nur die Literatur lebt von dem auf diese Weise entstandenen sprachlichen Formenreichtum. Auch für die Beschreibung des professionellen Verhältnisses zwischen Coach und Coachee hat sich ein sehr eingängiges Sprachbild etabliert: die »Augenhöhe«. »Auf Augenhöhe sein« markiert eine Beziehung als partnerschaftlich, symmetrisch und gleichberechtigt. Das Bild verweist auf eine gleiche Größe im übertragenen Sinn. Es geht um das Gegenteil von *one up – one down*.

Dieses Bild ist als Blaupause für die Beschreibung des besonderen Verhältnisses zwischen Coach und Coachee schon ganz brauchbar. Und damit ist auch bereits der wesentliche Unterschied zu anderen Beratungsformaten und vor allem zu einer Führungsbeziehung markiert.[5] Nur stellt sich im Anschluss die entscheidende Frage: Was muss ich denn bereitstellen, um ein Verhältnis auf Augenhöhe zu ermöglichen? Wie signalisiere ich meinem Gegenüber, dass dies die angestrebte Ebene ist? Welche Haltung braucht es dazu?

Wem jetzt als Antwort nicht sofort »Wertschätzung« einfällt, der hat den Zeitgeist verschlafen. Es ist ein Elend mit den Begrifflichkeiten in diesem Feld. Wohl kaum ein Begriff wird gegenwärtig durch seinen inflationären öffentlichen Gebrauch besinnungsloser semantisch ausgehöhlt als dieser. Die Vokabel findet sich in derart vielen Führungsleitbildern und Hochglanz-Unternehmensbroschüren, dass kaum noch ein Gefühl dafür übrig bleibt, welche Bedeutung die

5 Hier gibt es in der öffentlichen Behandlung des Themas zahlreiche Unschärfen und Missverständnisse, weswegen es ratsam ist, recht streng zu unterscheiden: Eine Linien-Führungskraft kann aus meiner Sicht zwar viel von Coachs lernen und daraus einen »coachenden Führungsstil« entwickeln, sie wird aber nie im engeren professionellen Sinne Coach der eigenen Mitarbeitenden sein können.

Reihung der Buchstaben einmal hatte. Genau so geht es den meisten Organisationsmitgliedern.

Insofern erfordert es ein gerüttelt Maß an Aufmerksamkeit und Steuerungsleistung, im Coaching den Möglichkeitsraum für eine »echte« Begegnung auf Augenhöhe zu schaffen. Wir müssen dabei gelegentlich sogar zunächst die Erwartungen unserer Coachees frustrieren. Die meisten Personen kommen aus einer Businesswelt, in der zwar unfassbar viel von Partnerschaftlichkeit, Eigenverantwortung und eben Wertschätzung die Rede ist, die gelebte organisationale Wirklichkeit jedoch all diese Postulate täglich Lügen straft. Ob es sich um Unternehmen mit einer traditionellen pyramidalen Hierarchie handelt, oder um solche, die Hierarchie für weitgehend abgeschafft halten: Die ungleiche Zuschreibung von Macht und Rang bestimmt da wie dort die Zusammenarbeit – implizit oder explizit. Wir werden im weiteren Verlauf der Reise noch einmal gesondert in dieser Gedankenrichtung voranschreiten.

Nun kann die Augenhöhe ja nicht einfach verordnet oder vertraglich festgelegt werden. Beziehung wächst in der Interaktion, formt sich in jeder Sekunde des Miteinanders. Indem wir uns auf der Beziehungsebene verhalten, formen wir eben diese. Indem wir tanzen, entsteht der Tanz. Kommunikation ist immer Ursache und Wirkung zugleich. Das wissen wir spätestens seit Watzlawick[6]. Nichts scheint fragiler als das Gestalten von Beziehung. Was schon allein dadurch belegt scheint, dass wir Kommunikationsspezialisten und professionellen Beziehungsarbeitenden selber nicht unbedingt diejenigen sind, denen dies im eigenen Leben mit leichter Hand gelingt. Wie erlangen wir also im Coaching die »Parkettsicherheit« auf der Beziehungsebene, die als Voraussetzung des Gelingens gelten darf? Welche Person aus unserer Zunft ist auf diesem Parkett im Laufe der eigenen Berufsjahre nicht immer wieder ins Rutschen und Schlingern gekommen? Was in der Regel hilft, sind die kollegialen Begegnungen mit fachkundigen Tänzerinnen und Tänzern aus anderen Kulturkreisen, die ihre Tanzhaltung und vor allem die stabilisierende Ausrichtung ihres Blicks bei all den verwirrenden Drehungen und Figuren vermitteln können. Die von ihnen geliehenen Brillen gehören zu den tauglichsten

6 Die Folgen der zirkulären Irrungen, die hier entstehen können, finden sich auf das Vortrefflichste in der bekannten »Hammer-Geschichte« in Szene gesetzt: Watzlawick (1983).

in der beschriebenen Sammlung. Für den etwas längeren Aufenthalt an dieser Station unserer Reise sind sie eine gute Wahl.

2.1 Brille Transaktionsanalyse: Okay-Positionen

Die Transaktionsanalyse (TA) hat sich der Beziehungsdynamik und ihren mitunter abstrusen Spielarten wie kaum ein anderer Denkansatz gewidmet. Die Spiele, die Erwachsene miteinander spielen, scheinen Zeitalter, Moden und technologische Entwicklung mühelos zu überdauern.[7] Muster und Spielzüge bleiben auf verblüffende Weise die gleichen. Wäre es nicht so, dann müssten für uns die shakespeareschen Werke heute ohne Bedeutung sein. Das Gegenteil aber ist der Fall: Die dort verhandelten Themen, Rituale und Handlungsmotive haben von ihrer archetypischen Leuchtkraft nichts verloren. Wir fühlen uns mit ihnen verbunden, auch wenn die handelnden Figuren eklatant andere Ausdrucksformen haben als wir heute.

Wenn man eine pragmatische Idee für den Umgang mit sich selbst im Sinne einer gedeihlichen Beziehungsgestaltung im Coaching entwickeln möchte, ist die Transaktionsanalyse auf vielen Ebenen ausgesprochen hilfreich.[8] Auf den steinigen Pfaden der Selbststeuerung ist ein Modell der TA als schlichter, aber verlässlicher innerer Gefährte immer zu gebrauchen: die *Okay-Positionen*.[9] Dieses landauf landab bekannte und in Trainings allenthalben bis zur Unkenntlichkeit simplifizierte Modell wird in seiner ihm innewohnenden Radikalität, Tiefe und Tragweite verkannt. Will man damit wirklich arbeiten, braucht man einigen Mut im Umgang mit sich selbst. Nimmt man es ernst, ist es ein Instrument, das dem »Verhältnis auf Augenhöhe« so beherzt auf die Sprünge helfen kann wie kaum ein anderes Konzept der Selbststeuerung.

In der folgenden Skizze des Modells wird für das angestrebte symmetrische Beziehungsverhältnis anstatt »Augenhöhe« der Begriff »Gleichwürdigkeit« auftauchen. Gerade weil dieser Begriff so sperrig

---

7 Den entsprechenden Klassiker von Eric Berne (1967) alle paar Jahre wieder aufzuschlagen ist durchaus empfehlenswert. Die darin skizzierten Szenen geben nicht nur klugen Aufschluss über die Kapriolen menschlicher Kommunikation, ihr Unterhaltungswert ist schlicht unübertroffen – außer vielleicht von den im Geiste verwandten Loriot-Szenen.

8 Für alle, die an der Verbindung zwischen TA und systemischem Denken interessiert sind, sei auf Schmid (2008) hingewiesen.

9 Das vollständige Konzept ist im gleichnamigen Buch bei Harris (1973) nachzulesen.

ist und so seltsam gespreizt und gravitätisch daherkommt, taugt er ausgezeichnet als Gegengewicht zu dem amerikanischen Quadratisch-praktisch-gut-Charakter des Modells der *Okay-Positionen*. Der dänische Familientherapeut Jesper Juul, der den Begriff geprägt hat, definiert ihn so: »Gleichwürdig bedeutet nach meinem Verständnis sowohl ›von gleichem Wert‹ (als Mensch) als auch ›mit demselben Respekt gegenüber der persönlichen Würde und Integrität des Partners‹. In einer gleichwürdigen Beziehung werden Wünsche, Anschauungen und Bedürfnisse beider Partner gleich ernst genommen (...). Gleichwürdigkeit wird damit dem fundamentalen Bedürfnis aller Menschen gerecht, gesehen, gehört und als Individuum ernst genommen zu werden« (Jesper Juul 2006, S. 24).

Schon bevor wir jemandem begegnen, antizipieren wir unwillkürlich das Verhältnis zwischen der Person und uns selbst. Sogar, wenn wir die Person, auf die wir treffen werden, noch gar nicht kennen – wir machen uns unbewusst ein Bild von ihr. Unser Gehirn produziert auf diese Weise unablässig »Vorurteile«. Eine leere Leinwand kennt es nicht. Wir machen uns ein Bild von der Welt und setzen uns dazu in Beziehung – wir konstruieren Realität. Und das tun wir immer relational. Das heißt, ich setze die Vorstellung von meinem Gegenüber unweigerlich ins Verhältnis zu meinem inneren Bild von mir selbst. Wie schaue ich in dieser Beziehung auf mich selbst und wie auf mein Gegenüber? Die Antwort auf diese beiden Fragen konstituiert meine innere Verfasstheit, mit der ich in die Begegnung hineingehe. Sie begleitet mich in jedem Moment des Kontakts und prägt ganz wesentlich die Art, wie ich kommuniziere.

Das Modell bietet uns genau vier Möglichkeiten, eine Beziehung zu konzeptualisieren:

- überlegen-unterlegen: Ich werte mich auf und dich ab.
  (+/-) bzw. (ok/nicht ok)
- unterlegen-überlegen: Ich werte mich ab und dich auf.
  (-/+) bzw. (nicht ok/ok)
- beide defizitär: Ich werte sowohl mich als auch dich ab.
  (-/-) bzw. (nicht ok/nicht ok)
- gleichwürdig: Ich schaue auf mich und dich gleichermaßen achtungsvoll.
  (+/+) bzw. (ok/ok)

Eine dieser Positionen nehmen wir in jedem Moment ein, in dem wir kommunizieren. Gleichzeitig verändert sich das innere Bild natürlich im Laufe der Begegnung. Die Vorzeichen können rasch wechseln – in einer Situation sicher mehrere Male. Das Erleben des Verhältnisses zueinander ist also nicht starr, es durchläuft in der Interaktion einen lebendigen Wandel. Aus einem Gefühl der Überlegenheit kann z. B. schon mal jäh eines der Unterlegenheit werden – und umgekehrt.

Entscheidend dabei ist Folgendes: Meine jeweilige innere Verfasstheit drücke ich unbewusst aus, ich »sende« sie dem Gegenüber. Wir Menschenwesen können uns nicht gut voreinander verstecken. Versuche der Maskerade sind immer mangelhaft. Gerade die Kommunikationsexperten glauben gern daran, sie könnten das, was sie persönlich denken und fühlen, verlässlich hinter einer routinierten professionellen Verhaltensmaske verbergen. Es ist erstaunlich, wie sich dieser Glaube hält, obwohl wir alle immer wieder die gegenteilige Erfahrung machen – jeden Tag, an den unterschiedlichsten Orten, in den vielfältigsten Begegnungen. Selbst die Bäckereifachverkäuferin im Laden um die Ecke kriegt irgendwie mit, wie ich ihr gegenüber innerlich gestimmt bin. Wenn ich sie für eine dumme Gans halte, aus welchen Gründen auch immer, dann spürt sie das. Da kann ich noch so bewusst freundlich dreinschauen und höflich Brötchen verlangen.

Wir Menschen spüren genau, wie unser Gegenüber auf uns schaut. Sicherlich ist dieses Gespür unserem evolutionären Erbe geschuldet. So betrachtet haben wir in den Jahrmillionen nie verlernt, Witterung aufzunehmen, um Freund von Feind unterscheiden zu können. Wenn wir vom Gegenüber abgewertet werden, riechen wir das sofort – es könnte Gefahr bedeuten. Interessanterweise kommt bei uns aber ebenso genau an, ob die Person mit sich selbst im Reinen ist, oder ob es da Unsicherheit oder Unterlegenheitsgefühle gibt. Für all das haben wir so etwas wie einen »sechsten Sinn«. Auch die raffinierteste Selbstinszenierung kann diese intuitive Einschätzung bei einer Begegnung nicht überblenden.

Bewusst mit den Okay-Positionen umzugehen erfordert viel Achtsamkeit und Langmut. Es lohnt sich, in einer einzigen Coachingsitzung immer wieder zu überprüfen, ob ich mein Gegenüber und mich selbst noch im »Ok« habe. Beides kann immer wieder schnell und unbemerkt aus dem Lot geraten. Nehmen wir mal folgende Situation an:

Es ist bereits die dritte Sitzung. Der Coachee – sagen wir: eine Führungskraft aus der mittleren Ebene einer Versicherung – redet seit geraumer Zeit. Das Flipchart ist bereits mit einer Zeichnung versehen, in der, einem modernen Kunstwerk gleich, unzählige Namenskürzel mit wilden farbigen Pfeilen, Zeichen und Symbolen das zunächst akkurat gemalte Unternehmensorganigramm großflächig überziehen. Ich kenne bereits die verzwickte Topografie des Büroflures, in dem der Klient arbeitet, weiß um die familiären Sorgen seiner Assistentin und das Alkoholproblem seiner Chefin, und habe noch keine Ahnung, worum es ihm wirklich geht. Alle meine darauf zielenden, eingrenzenden Fragen werden mit noch mehr Komplexität beantwortet. Eine Verbindung mit seinem benannten Coachingziel ist nicht auszumachen. Je länger die Situation währt, desto wahrnehmbarer wird meine innere Resonanz darauf.

Folgendes könnten in einer solchen Situation unwillkürliche Gedanken/Empfindungen dem Coachee gegenüber sein:

- »Er redet mal wieder endlos um den heißen Brei herum und schafft es nicht, sein Anliegen klar zu adressieren …«
  → Ich habe ihn innerlich im »Nicht-Okay« (+/-).
- »Er redet schon so lang, er steht verständlicherweise unter großem Druck, und ich schaff es wieder nicht, mit der richtigen Frage einen Fuß in die Tür zu kriegen …«
  → Ich habe mich selbst im »Nicht-Okay« (-/+).
- »Er redet mal wieder endlos um den heißen Brei herum, und ich hab keine Ahnung, wie ich ihm helfen kann, sein Anliegen klar zu adressieren …«
  → Ich habe sowohl ihn als auch mich im »Nicht-Okay« (-/-).

So alltäglich diese Situation sein mag: In jedem dieser Fälle sollte ich mich ganz fix daran machen, meine innere Aufstellung so zu verändern, dass ich meinerseits initiativ wieder ein +/+ anbieten kann. Ich muss je nach Lage der Dinge entweder mein Gegenüber oder mich selbst oder uns beide wieder »ins Ok bringen«. Hier hilft es, sich klarzumachen: Alles Erleben ist hirnphysiologisch gesehen die Folge von Aufmerksamkeitsfokussierung. Es mag also bereits reichen, innerlich auf die Ressourcenseite zu gehen, denn ein Minus in der inneren Haltung ist immer die Konstruktion eines Defizits. Wie ich das mache, ist im Grunde egal – ob durch Imagination, Perspektivwechsel, affirmative innere Sätze, wertschätzende Beobachtung und Befragung oder die Erinnerung an Situationen des Gelingens. Sobald ich merke, dass ich in eine Abwertungsschräglage gerate, muss ich daran arbeiten können. Und zwar immer wieder im laufenden Prozess. Es ist sozusagen eine ständige Operation am offenen Herzen. Meine innere Haltung fortlaufend im Blick zu haben und sie auf einen achtungsvollen Umgang hin zu kalibrieren, das halte ich für meinen zentralen Beitrag dazu, dass in der Coachingbeziehung eine Gleichwürdigkeit zustande kommt.

Denn es ist ja nicht damit getan, dass wir offenbar nur ungenügend verbergen können, was wir in der Tiefe unserer Seele von uns selbst und unserem Gegenüber halten. Dieses Gegenüber riecht den Braten in der Regel – und reagiert darauf. Unwillkürlich und unbestechlich. Die Verhaltensreaktion kommt oft später oder in einem ganz anderen inhaltlichen Kontext, aber sie kommt. Das ist ein prächtiges Beispiel für die systemische Grundannahme, dass das Interaktionshandeln eines Systemelements nach dem Prinzip der Zirkularität auf dieses Element zurückwirkt – auf welchen verschlungenen Wegen auch immer. Wir alle sind an den Folgen unseres Handelns beteiligt, auch wenn wir das in den seltensten Fällen erkennen mögen. In das Gebiet solcher Einsichten höherer Ordnung werden wir gegen Ende der Reise noch weiter vordringen.

Im Modell der Okay-Positionen gedacht gibt es für die angesprochene Rückbezüglichkeit eine Faustregel, die so verblüffend einfach wie zutreffend ist, dass sie mich immer wieder erschüttert. Auch, wenn sie eine ziemlich grobe Vereinfachung der fein gesponnenen Vorgänge zwischen den Menschen darstellen mag, für eine Hypothesenbildung zur Interaktion im Coaching ist so eine Faustregel Gold wert. Sie lautet:

Wenn ich einem Menschen mit einem Minus (nicht ok) in meiner inneren Haltung begegne, kann ich Gift drauf nehmen, dass es irgendwann wie ein Bumerang durch das Verhalten meines Gegenübers zu mir zurückkommt. Dabei ist unerheblich, ob ich mein Gegenüber abwerte oder mich selbst oder uns alle beide.

Auf folgende Weisen kann das geschehen:

- Im Falle eines +/- in meiner Haltung: Eine Person, die spürt, dass ich sie abwerte, weil ich sie aus irgendeinem Grund nicht »ok« finde, wird über kurz oder lang zur *Abwertungsrevanche* ausholen. Nicht explizit, sondern implizit, indem sie mir zum

Beispiel verdeckt Zweifel an meiner Kompetenz signalisiert oder Schuldzuschreibungen unterjubelt. Spitze Bemerkungen, Nichtbeachtung und allerlei körpersprachliche Codes eignen sich dafür hervorragend. Auch denkbar wäre das Gegenteil: die *Idealisierung*. Sie signalisiert mir »Oh, du toller Coach, was du kannst, kann sicher niemand sonst, ich bin so unfähig und schaue ergeben zu dir auf!«. Das ist die tückischste Form, weil unser Ego dadurch ordentlich Wind unter die Flügel bekommt – und jäh abstürzen wird, denn aus Idealisierung entwickelt sich in der Regel irgendwann und meist ziemlich plötzlich Entwertung.

- Im Falle eines -/+ in meiner Haltung: Erstaunlich interaktionell wirksam ist die »heimliche« Selbstabwertung. Wenn ich mit mir selbst überkreuz bin, wird mir das auch in der Regel übel genommen. Kein Mensch schätzt es, die Selbstabwertung eines anderen zu spüren. Wir möchten ein belastbares, aufrechtes Gegenüber, kein gebeugtes – schon gar nicht in der Rolle des Coachs. In der Regel handle ich mir damit also *Misstrauen, Distanz und Abwehrverhalten* ein.
- Bleibt noch die Variante -/- in meiner Haltung, und da ist fast überflüssig zu erwähnen: Wenn ich weder mich selbst noch mein Gegenüber in dem Moment wirklich in Ordnung finde, führt dies todsicher in eine Negativspirale. Damit sind mir die *Ressentiments und Blockaden* meines Gegenübers sicher.

Jede dieser Dynamiken ist natürlich außerdem dazu angetan, meine Ausgangsüberzeugung gründlich zu befestigen. Jegliches Verhalten meines Gegenübers entspricht meinem Vor-Urteil über die jeweilige Person: »Wusst' ich's doch, dass die so ist!« Dies ist also ein klassischer Fall von sich selbst bestätigender Prophezeiung – und eine große Verführung. Aus diesem Grund halte ich es für geraten, jegliche Beziehungsbotschaft des Gegenübers, die ich als negativ oder ablehnend wahrnehme, grundsätzlich als Reaktion auf etwas zu begreifen, das mit mir und meiner inneren Aufstellung zu tun haben könnte. Diese Überlegung und die entsprechende Selbstbefragung sollten für Coachs zur Selbststeuerungsroutine werden. Denn im schlimmsten Fall, wenn ich nicht bewusst damit umgehe, werde ich auf die Retourkutschen wieder mit einer impliziten Abwertung reagieren, und so landen wir ruckzuck im unbewussten Skript eines der vertrackten »Spiele«, die Eric Berne quasi als seine Version einer »Anleitung zum Unglücklichsein«[10] so ungeheuer unterhaltsam beschrieben und analysiert hat.

Wie kann man all dem entkommen? Es gehört zur gut gepflegten Folklore des Modells in unserem Berufsfeld, daraus eine möglichst handliche Heilsbotschaft abzuleiten. So ist in so manchem Kommunikationstraining die Quintessenz ziemlich simpel, sie mündet in der formelhaften Botschaft »Ich bin ok/du bist ok«. Will sagen: Wenn wir uns dazu bekehren ließen, mit einer Okay-/okay-Haltung durch's Leben zu gehen, wäre alles geritzt. Als müsse nur ein kleiner Hebel, den wir irrtümlicherweise gewohnheitsmäßig falschrum ausrichten, kurz wieder in Position gebracht werden.

Das ist rührend gedacht, jedoch weit entfernt von den wahrhaften Dimensionen der Aufgabe. Nähme man dieses Streben wirklich ernst, dann hätte man es bald mit den ganz großen Fragen der menschlichen Existenz zu tun. Gelänge es, dann wäre der Weltfrieden sicher nah. Wer weiß, vielleicht wäre es das Paradies der Achtsamkeit, Empathie und Völkerverständigung – das Leben hingegen wäre um vieles Köstliche und Aufregende ärmer. Auf gar keinen Fall gäbe es dort etwas so Spannendes wie zum Beispiel Kunst und Kultur. Keine Dramen, keine Mythen, keine Rituale, keine Heiligtümer, keine Stammesfehden, keine Tragödien oder Komödien, kein Heldenepos, keine Märchen, keine Zerwürfnisse und Versöhnungen, kein Großes Kino: All das lebt seit Menschengedenken von unserem existenziellen und kreativen Ringen mit Themen wie Macht, Liebe, Rache, Besitz & Ehre, Erfolg &Versagen, Schuld & Sühne. Das Leben ohne all das, also ein allumfassendes, dauerhaftes großes OK/OK zwischen allen Menschen auf Erden wäre vermutlich sterbenslangweilig. Die Gegenpolspektakel, die Rituale des Ausfechtens von Wertigkeiten, die Spannungen von Widersprüchen und Ungleichheiten – wir inszenieren sie mit unermüdlichem Eifer jeden Tag, jede Stunde, jede Minute auf's Neue. Daraus erwachsen uns die größten Verwerfungen des Miteinanders – und die größten Glückseligkeiten. All das scheint zu unserer Conditio humana zu gehören.

Für die profanen Belange unserer Coachingpraxis übersetzt bedeutet das, mit dem Wissen umgehen zu müssen, dass es das Paradies nicht gibt. Eine allumfassend geläuterte, immer gleich stabil achtungsvolle Haltung zu unserem Gegenüber ist schlechterdings

10 Was die selbstgeknüpften Kommunikationsknoten und die dazu gehörigen Bastelanleitungen anbelangt, sind Paul Watzlawick (1983) und Eric Berne (1967) noch immer unbestrittene Champions.

unmöglich. Und stünden die Momente einer gelungenen Begegnung im +/+ nicht in einem so eklatanten Kontrast zu den normal-verdrehten Inszenierungen der verschiedenen Minus-Konstellationen, dann wären sie wahrscheinlich ohne Bedeutung. Ihre hohe Wirkkraft verdanken sie dem Unterschied – und der Seltenheit seines Auftretens. Als Ausnahmeerfahrung sind sie kostbar, als Norm werden sie unbrauchbar. Es kann sich also nur um die Suche nach etwas Besonderem und damit Flüchtigem handeln. Eine anhaltende Beziehung zwischen zwei Menschenwesen, in der unterm Strich eine gegenseitige +/+-Haltung zumindest überwiegt, wäre gewissermaßen schon der Hauptgewinn.

Nach einem Fließgleichgewicht zu streben müsste auch im Coaching unsere Aufgabe sein. Die Möglichkeit zu einer temporären Begegnung im »ok/ok« ist hier als Vertrauensgrundlage und Gegenerfahrung von elementarer Bedeutung. Das Einzige, was uns also bleibt, wenn es das Paradies auch im Coaching nicht gibt, ist die zweitbeste Lösung. Es gilt, das Beste vom Möglichen zu erreichen: in einem steten Gespräch mit sich selbst bleiben, beobachten, was sich im Zuge des eigenen endogenen Wankelmutes auf der inneren Bühne so abspielt – und da nachsteuern, wo wir es können. In jedem bewussten Moment der Begegnung. Um mit Viktor Frankl zu sprechen: Es gilt, den Raum, der zwischen Reiz und Reaktion liegt, für eine Entscheidung zu nutzen. Das, was wir »Augenhöhe« oder »Gleichwürdigkeit« nennen, ist eine sehr störbare Angelegenheit. Die entsprechende innere Haltung ist ständig in Bewegung, wobei sie dummerweise in der Regel einen Hang dazu hat, unversehens in irgendeinen Nicht-okay-Kurs abzudriften. Unsere Aufgabe ist es auch hier, gut zu balancieren, oder anders gesagt: im Driften wenigstens gut zu navigieren.[11]

Nun ist es ja so, dass die Geschichte, die dieses Modell erzählt, durchaus einen beachtlichen Lohn für unsere Mühen bereithält. Das Ende ist hoffnungsvoll: Gelingt es nämlich tatsächlich, meine innere Aufstellung dahingehend zu verändern, dass ich wieder ein aufrichtiges +/+ zustande bringe, dann taugt das nicht nur zur situativen Musterunterbrechung. Ein verändertes Interaktionshandeln mit einer solchen Beziehungsbotschaft hat eine große, seltsam magische Strahl-

11 Es gibt nichts, was die ganz eigene Dynamik systemischen Denkens und Handelns so auf den Punkt bringt wie dieses Sprachbild von Fritz Simon (2004).

kraft. Echte, das heißt wirklich empfundene Achtung ist ansteckend. So unmittelbar, wie wir uns verschließen, wenn wir Abwertung wittern, so sehr sind wir angezogen von Wertschätzung. Das, was ich mit einem +/+ meinem Gegenüber gebe, kommt dann als ein nunmehr höchst willkommener Bumerang zu mir zurück. So entsteht das, was wir Vertrauen nennen. In einem Moment gegenseitiger Achtung ist vieles möglich. Große Offenheit, tiefes Verstehen, das Zeigen von Verletzlichkeit, auch Konfrontation und Kritik. Diese Momente sind so kostbar wie flüchtig.

2.2 Brille Schauspiel: Figurenstudium

Nun ändern wir die Richtung und überschreiten eine naheliegende Grenze. Wir lassen das möglicherweise allzu Bekannte hinter uns und finden uns auf einem recht fremden Terrain wieder. Hier ist es lohnend, sich umzuschauen, denn nichts schärft den Blick auf die eigenen Sitten und Gebräuche mehr als die Begegnung mit einer fremden Kultur. Wir betreten das Land des Theaters, genauer gesagt: die Gärten, in denen die Werkgeheimnisse der Schauspielkunst verborgen sind.[12]

Das Modell der *Okay-Positionen* aus der Transaktionsanalyse ist ja im Land der in unserer Zunft verfügbaren Denkfiguren eher so etwas wie ein allseits bekannter und beliebter Wallfahrtsort. So verkitscht, runtergekommen und überlaufen, wie Wallfahrtsorte eben sind. So gönnen wir uns nach diesem Besuch einen kleinen Ausflug an branchenfremde Gestade, an einen Ort, der vielleicht als »Geheimtipp« im Reiseführer verzeichnet sein könnte. Die entsprechende Brille mag sich für manche Kolleginnen und Kollegen nicht ganz so komfortabel anfühlen, aber wir versuchen es mal.

Es geht immer noch um die Aufgabe, wie man eine Beziehung auf Augenhöhe gestaltet, genauer gesagt um die Frage nach der inneren Arbeit, die die Voraussetzung eines achtungsvollen Umgangs mit meinem Gegenüber schafft.

---

12 Hierzulande sind Bezüge zur Schauspielerei leider sehr unbeliebt. Es wird immer gleich die Empfehlung unterstellt, »so zu tun als ob«. Dass gute Schauspieler/innen geradezu das Gegenteil davon tun, wird im Folgenden noch verschiedentlich aufscheinen. Im englischen Sprachraum ist das Verhältnis zu der Berufsgruppe weitaus entspannter, wie die Sprache schon nahelegt: »to act« heißt sowohl handeln als auch schauspielen, und der »Actor« ist demgemäß einfach ein »Handelnder«.

Wenn jemand darüber verlässlich Auskunft geben kann, dann sind es gewiss die Schauspielprofis. Das erste und wichtigste Gegenüber, dem sie sich in ihrer Arbeit professionell nähern müssen, ist eine Figur aus einem Stück oder Drehbuch. Eine fiktive fremde Person, deren Rolle sie übernehmen sollen. Über diese Person ist kaum etwas bekannt. Was sie sagt, steht im Dialogtext, garniert mit ein paar hingeworfenen Regieanweisungen zu dem, was sie tun soll: ein paar nackte Worte auf Papier. Schauspielerinnen und Schauspieler müssen auf der Basis dieser mageren Daten jenes Gegenüber studieren und kontextgerecht konstruieren. Sie lesen das Stück bzw. Drehbuch immer wieder, denken und fühlen sich in die Figur hinein, und jedes Mal entsteht etwas mehr innere Beziehung zu dem Menschen. Dabei ist es – und nun wird's für uns interessant – von konstitutiver Wichtigkeit, wie sie auf die Person schauen, mit welcher inneren Haltung sie ihr begegnen, wie sie sich ihr nähern.

Grundsätzlich gilt: Sie müssen diesen fremden Menschen lieben und von innen heraus verstehen lernen, um ihn »verkörpern« zu können. Doch sie brauchen gleichzeitig einen reflexiven Abstand zu ihm, denn sonst wird die Darstellung der Figur flach und trivial. Auf jeden Fall dürfen sie den Menschen niemals verurteilen oder entwerten – sonst können sie ihn nicht mehr überzeugend spielen. Das gilt auch und ganz besonders für Massenmörder, Tyrannen, Tölpel, Psychopathen und andere höchst unangenehme Gesellen. Wie gehen Schauspielerinnen und Schauspieler also an die Sache heran? Mit welcher inneren Haltung nähern sie sich ihrem Gegenüber, ihrer Figur? Unabdingbar für eine erfolgreiche Erkundung sind:

- Neugier
- Behutsamkeit
- eine gewissenhafte und wertschätzende Erforschung des Kontextes und seiner Interaktionsdynamik: Dramaturgie und Rollengefüge
- Respekt vor dem Anders-Sein der Figur
- Respekt vor ihrer inneren Logik, ihrer Geschichte und ihren Überzeugungen
- kreativer und lustvoller Umgang mit ihren Ticks und Macken
- ein liebevolles Verhältnis zu dem, was die Figur zutiefst antreibt
- eine Ahnung von ihrer verborgenen Not

- eine Vorstellung von dem, was sie erreichen will
- bedingungsloses Anerkennen ihres Handelns als in-sich-stimmig und aus sich heraus folgerichtig

Auch so lässt sich eine achtungsvolle Haltung beschreiben.[13] Diese Liste könnte man selbstverständlich ohne Abstriche uns allen ins Stammbuch schreiben. Schauspielschüler lernen durch konsequenten Perspektivwechsel, der finale Perspektivwechsel ist dann die Übernahme der Rolle.

Vor allem aber lernen sie es dadurch, dass sie für alle handlungsleitenden Motive und Affekte der Figur eine Entsprechung bei sich selbst suchen – in ihrer eigenen Persönlichkeit, in ihrer eigenen Erfahrung. Die Grundannahme dabei ist immer diese: Alles Menschenmögliche wohnt in jeder und jedem von uns. In der einen oder anderen Gestalt. Wer sich auf diese Weise dem Fremden zu nähern versucht, kommt an vielen Hindernissen vorbei. Die gefährlichsten Fallen sind dabei immer die selbst gestellten. Unangenehme Selbsterkenntnisse im Rahmen einer solchen Erkundung sind vorprogrammiert und als Lernerfahrung gewollt – bei jeder neuen Begegnung mit jeder neuen Figur. So mancher schauspielenden Person geht es immens gegen den Strich, sich einer Figur liebevoll zu nähern, die im Kontext des Stückes oder Drehbuches so gar nicht glänzen darf, eine farblose Nebenfigur vielleicht, oder gar eine Figur, die alles in sich vereint, was man im täglichen Leben peinlich findet oder ablehnt.

Schauspielprofis können der Begegnung mit sich selbst und der achtungsvollen Behandlung der Figur als ihrem Gegenüber nicht entkommen, ihre Performance hängt davon ab. Die Qualität des Ergebnisses ist für eine mehr oder weniger große Öffentlichkeit unmittelbar sichtbar.

Wir unsererseits sitzen zwar mit unserem Gegenüber im stillen Kämmerlein, könnten aber doch ein wenig von der Radikalität des Sich-selbst-zur-Verfügung-Stellens in der Annäherung an ein fremdes Wesen annehmen. Würden wir es tun, wäre in dieser Arbeit bereits vieles enthalten, was wir uns sonst mühsam aus den Lehrbüchern

13 Natürlich gilt eine solche Herangehensweise in etwas anderer Weise auch für den Umgang von Autorinnen und Autoren mit ihren Figuren, und – je nach Inszenierungsstil – begrenzt auch für Regieführende, aber sie ist nirgendwo so evident und zwingend wie in der schauspielerischen Arbeit.

für Kommunikation und Psychologie an Land ziehen müssen. Zum Beispiel wäre es bereits ein Weg, sich mit der Dynamik einer Gegenübertragung klärend auseinanderzusetzen, ohne dass von diesem psychoanalytischen Konzept auch nur ein entferntes Echo in der Luft läge.

Nun nehmen wir bei unserem Ausflug nicht immer den kürzesten Weg. Das wäre auch fahrlässig, denn den eigentlichen Zugewinn an Erkenntnis und Erfahrung bringen bekanntlich nicht die Abkürzungen, sondern die Umwege. Und genau so wollen wir es halten – so lange, bis uns die Sache mit der Gegenübertragung an anderer Stelle, und damit in ihrem angestammten Habitat, ganz von allein wiederbegegnet.

3 Tabuzone Macht

Nachdem wir uns den hellen, den lauteren und erstrebenswerten Aspekten der Begegnung von Menschen im Coaching gewidmet haben, nachdem wir uns so hingebungsvoll dem Guten, Wahren und Schönen in Beziehung und Kultur zugewandt haben, schlagen wir nun mutig den Weg in eine eher finstere Gegend ein. Wir wagen – auf dass die Reise nicht gar zu artig wird – die vorsichtige Begehung einer Tabuzone. Hier gibt es ordentlich viel Gestrüpp, verminte Felder, Hohlwege und Holzwege. Und vor allem ein weitverzweigtes Geflecht unterirdischer Gänge. Hier geht es um Macht.

Die Frage darf gestellt werden: Steht die Erfahrung eines sorgfältig entwickelten und achtungsvoll symmetrischen Verhältnisses nicht in einem krassen kulturellen Widerspruch zu den Erfordernissen einer letztlich durch Rang und Macht, durch Hierarchie und Mikropolitik bestimmten Organisation? Zerfällt all das nicht augenblicklich zu Staub angesichts der Asymmetrie und Härte der Beziehungs- und Kooperationsstrukturen in Unternehmen? Lauert hier, inmitten der aufrichtigsten Bemühung, gar die Entstehung eines blinden Flecks?

Wie verhalte ich mich im Coaching zur Allgegenwart der »hässlichen« Themen organisationaler Machtinszenierungen? Diese Frage weist in zwei Richtungen, die über die bereits beleuchtete Beziehungsgestaltung im Coaching hinausweisen: Wie sind die Herkunftssysteme unserer Klientel beschaffen und wie ist unsere eigene innere Einstellung zu dem Thema? In beiden Richtungen treffen wir in ganz unterschiedlicher Weise auf Tabus. Schlagen wir uns also ein Stück weit in beide Richtungen durch – zumindest so weit, dass wir uns in diesem unwegsamen Gelände etwas besser orientieren können.

3.1 Die Zone der Organisation

In der Unternehmensöffentlichkeit durchschnittlicher Linienorganisationen lässt sich eine fortschreitende Ausweitung der Tabuzone beobachten. Das offene Nachdenken über die Mechanismen der Macht in Organisationen kommt zunehmend generell unter Verdacht. Seit auf allen Fahnen »Wertschätzung«, »Eigenverantwortung« und »Partnerschaftlichkeit« steht, seit es den »Vorgesetzten« kaum noch gibt, alles irgendwie »Team« heißt und jedes Unternehmen, das was auf sich hält, den »kooperativen Führungsstil« zur Staatsraison erhebt, wird der explizite Diskurs über Macht zunehmend als politisch inkorrekt angesehen. So entstehen Tabus. Alles, was mit Macht oder Rangordnung zu tun hat, wird kurzerhand aus der Selbstbeobachtung ausgeschlossen. Als würde es das nicht mehr geben, wenn man es nicht mehr so nennt.

Es ist kein Unternehmen in Sicht, in dem es keine Hierarchie gibt. Selbst in denen, in denen es sie offiziell nicht gibt, existiert sie. Dort feiert sie in Form einer informellen Rangordnung fröhliche Urständ. Das mag etwas pauschal klingen, aber so manche Erfahrung mit Startups und basisdemokratisch organisierten Forschungsprojekten gebietet hier eine gediegene Skepsis. Man denke nur an all die bösartigen *Rangeleien*, die verdeckten Kämpfe, die dort ausgefochten werden, und vor allem an die empfundene *Ohnmacht* angesichts der Spannungen, die es ja offiziell gar nicht geben darf. Bisweilen erscheint die formale Hierarchie in Organisationen daher geradezu humaner als deren Abwesenheit.

Noch sind Organisationen, die sich faktisch-formal und nicht nur ideologisch der Abschaffung von Hierarchien und damit einem neuen Verständnis von *Leadership* verschrieben haben, eine verschwindende Minderheit.[14] Und selbst, wenn sie Vorboten eines neuen Zeitalters der Freiwilligkeit, Selbstbestimmung und Kokreation sein sollten, ist es dringend geboten, ein paar unangenehme Erfahrungswerte und ein ziemlich gesichertes Wissen um die Eigendynamik der Macht in Rechnung zu ziehen. Gerade weil die Zeichen der Zeit auf Abkehr von der traditionellen Linienorganisation stehen, gerade weil sich so etwas wie ein »demokratischer Frühling« im Nachdenken über zukünftige Organisations- und Führungsstrukturen abzeichnet, gilt es, die Augen auf zu halten: Den Faktor Macht aus der sozialen Dynamik einfach formal wegorganisieren zu wollen ist ein müßiges und letztendlich gefährliches Unterfangen.

In diesem Fall lässt sich das Kind nämlich nicht mit dem Bade ausschütten. Macht ist eines der ältesten Handlungsmotive unserer

---

14 Der galoppierende Götterbote dieser Denkrichtung ist unbestritten Frederic Laloux (2015). Aktuell schreiben einige Konzepte der Hierarchielosigkeit ernst zu nehmende Erfolgsgeschichten. Hervorzuheben ist hier z. B. das Konzept *Holacracy*, von dem amerikanischen Unternehmer Brian Robertson entwickelt, dem sich kleinere wie größere Unternehmen und Organisationen in der westlichen Welt bereits verschrieben haben. Eine brauchbare Evaluation steht meines Wissens noch aus.

Spezies und hat viele unterschiedliche Organisationsformen des Gemeinwesens unverändert überlebt. Zeitalter und politische Weltreiche sind darüber hinweggezogen. Macht findet im sozialen Raum statt – ob man will oder nicht. In einem relationalen Gefüge ist jedes Mitglied um Wirksamkeit bemüht. Platziert werde ich ohnehin. Einfluss nehmen kann ich nur auf das Wo und Wie. Die Aushandlung einer Rangordnung – wie unsichtbar und implizit sie auch immer sein mag – beginnt unversehens, sobald Menschen mit Menschen zu tun bekommen. Sobald ich einen Raum betrete, in dem andere Menschen sind, beginnt die unwillkürliche Einordnung. Diese kann sich im Laufe der Interaktion zwar ändern und sogar ins Gegenteil kehren – eine relationale Einordnung bleibt sie allemal. Das ist eine Grunderkenntnis der Gruppendynamik[15], und ich habe sie noch nirgendwo widerlegt gefunden, unabhängig von der organisationalen Kultur oder Struktur. Diese Dynamik außer Acht zu lassen, hat sich bereits bei so manchem ehrgeizigen Versuch, neue, partizipative Strukturen zu etablieren, gerächt. Ihre Beachtung sollte die Basislinie darstellen, von der aus ein fundiertes Nachdenken über neue Organisationsformen beginnen kann.

Die Gegenwart jedenfalls ist noch immer bevölkert von schnöden Weisungshierarchien unterschiedlichster Couleur. Bis auf Weiteres ist Hierarchie als formales Ordnungsprinzip eine, wenn auch ziemlich angestaubte, so doch noch immer halbwegs praxistaugliche, zumindest aber real existierende Form, Komplexität zu reduzieren. Dazu habe ich mich im Umgang mit Organisationen und deren Mitgliedern ins Verhältnis zu setzen. Ebenso wie zu dem Faktum, dass die Weichen oft ganz und gar jenseits der formalen Ordnungen von Macht gestellt werden, nämlich dort, wo Seilschaften und Netzwerke regieren, wo die verdeckten Transaktionen oder einfach die persönliche Durchsetzungskraft über Gewinner und Verlierer, über ein Oben oder Unten entscheiden – ohne, dass darüber irgendjemand ein Wort verliert. Auch dieses Wegesystem gilt es im Blick zu behalten. Es gibt in der Systemumwelt unserer Klienten so viel Unklarheit in diesem Themenfeld, dass diese nicht noch im Coachingsystem durch meine innere Unaufgeräumtheit potenziert werden sollte.

---

15 Oliver König (1998) hat zu dem Thema ein Buch vorgelegt, welches die gruppendynamisch-wissenschaftliche Sicht auf das Thema sehr eindrucksvoll verdeutlicht.

3.2 Die Zone des Selbst

Jede Organisation erwartet von mir, in Coaching und Beratung in ihrem Sinne zu handeln – auch, wenn im Vorfeld meine Neutralität und Unabhängigkeit im Coachingauftrag aktenkundig vereinbart worden ist. Auf jeden Fall aber darf jede Organisation darauf zählen, dass ich nicht *gegen* ihre Kultur und Struktur Einfluss nehme. Jedes Unternehmen hat ein Recht darauf, von seinen Coachs die jeweils gültige hierarchische Struktur beachtet und gewürdigt zu wissen. Dies ist nicht nur eine implizite Verpflichtung im moralischen Sinne, es ist auch expliziter Bestandteil des Dienstleistungsverhältnisses.

Die Situation ist also strukturell heikel und bedarf einer sehr sorgfältigen Behandlung. Nach außen wie – insbesondere –- nach innen. Um dem Auftrag der Organisation Rechnung tragen zu können, muss ich erst einmal selbst klar sein. Das kann in diesem Fall nur heißen, meine persönliche Wertebindung in Bezug auf den Themenkomplex Macht, Status, Hierarchie und Autorität unter die Lupe zu nehmen. Es gilt, meine diesbezügliche innere Tabuzone zu vermessen. Welche persönlichen Erfahrungen prägen hier meine Haltung? Inwieweit kenne ich überhaupt das Eingebundensein in eine hierarchische Struktur? Kann ich mich selbst situativ unterordnen oder ist mir nur wohl, wenn ich unabhängig bin bzw. wenn ich bestimmen kann? Wie schaue ich auf die Mächtigen in meiner persönlichen Welt? Wie gehe ich selbst mit Macht um? Kann ich gegebenenfalls Freude daran finden? Greife ich danach? Oder verurteile ich Macht generell, wenn ich ehrlich bin? Was genau braucht es, damit ich Autorität anerkenne und mich ihr anvertraue? Wie gestehe ich mir selbst Autorität zu? In welcher realen Rangordnung meines eigenen Lebens stehe ich wo? Und fühlt sich das wie ein angemessener Platz an? Kann ich den anderen um mich herum ihren Platz auch zugestehen? Oder lebe ich im heimlichen Hader mit so manchem um mich herum?

Sich über die eigenen Triggerpunkte, Stolpersteine und möglichen blinden Flecken bewusst zu sein ist die Grundvoraussetzung dafür, dass man Coachees auf ihrem Weg durch ein unübersichtliches Terrain besonnen und reflektiert begleiten kann. Im Kanon der für das Coaching von Führungskräften üblichen Themen stehen die Anliegen, die sich unmittelbar auf das Handeln innerhalb einer formalen oder informellen Rangordnung beziehen, mit Abstand an erster Stelle. Dabei geht es in regelmäßiger Wiederkehr um Status und Einfluss. Alle Führungsthemen handeln letztlich davon.

Spannungen entstehen natürlich zuvorderst in der Vertikalen der Hierarchie. Auffallend ist dabei die Häufigkeit, mit der ein bestimmtes Muster im Zentrum steht: die Abwertung des eigenen Chefs. Führungskräfte, die ihren Chefinnen oder Chefs mit großer Inbrunst jegliche Führungskompetenz absprechen, sind weit verbreitet. »*Boss-bashing*« gehört noch immer zum Grundrauschen der Arbeit in hierarchisch geführten Organisationen. Gewiss, auch den eigenen Mitarbeitenden wird nicht immer die reine Wertschätzung entgegengebracht, aber in den entsprechenden Aussagen und Berichten geht es in der Regel noch etwas respektvoller zu. Die Hemmungslosigkeit, mit der manche über »führungsunfähige« Chefs oder Unternehmensleitungen sprechen, kennt entschieden weniger Grenzen. Diese Abwertungsdynamik ist fest in der Kultur der Hierarchie verankert. Sie ist ein Tribut an die Ordnung und ein wesentliches Ventil für die Energie, die sich nicht in die Ordnung fügen will.

Für so manchen Coachingerfolg ist es entscheidend, ob man mit Themen der Rangordnung sowohl personengerecht als auch organisationsangemessen umgehen kann. An dieser Stelle fällt aufseiten der Coachs, also auf unserer Seite, immer wieder eine bemerkenswerte Tendenz zum Ausblenden auf. Es lassen sich hier zwei spezielle Lager ausmachen: Die einen kommen aus der ehemals so militanten wie populären »Macht-macht-kaputt!«-Generation oder -Kultur, die anderen huldigen der Idee, dass es im Business mit *Basecap* und Kapuzenpulli ganz relaxed und unter Kumpels zum globalen Erfolg geht – natürlich ohne so was Gestriges wie Rangordnung und Hierarchie. Die einen sind die ziemlich Alten, die anderen die ziemlich Jungen. So konträr sie sein mögen, sie teilen das gleiche Tabu. Beide sorgen als Coachs mit ihren Haltungen für eine bedenkliche Situation in der Arbeit: Wer Autorität, Macht und Rangordnungen aus dem eigenen Wahrnehmungshorizont tilgt, wird im Coachingprozess mit der Klientenperson an einer entsprechenden Weggabelung fröhlich denjenigen Weg einschlagen, der von dieser heiklen Klippe weg und in die Irre führt.

Vor einigen Jahren hatte ich eine Klientin, mit der ich mich in dieser Hinsicht mehrfach auf Irrwegen wiedergefunden habe.[16] Es handelte sich um eine Frau, die sich aufgemacht hatte, die »gläserne Decke« zu durchbrechen und in die erste Reihe der Macht in einem großen Unternehmen vorzudringen. Sie hatte in kurzer Zeit bereits viel geschafft, war auf der obersten Führungsebene angekommen und ließ Ambitionen auf die Geschäftsführung der größten Unternehmenstochter im Ausland erkennen. Eine zierliche Person, blond, gepflegt, Chanel-Handtasche.

Das kapitale Hindernis war ihr derzeitiger Chef, ein jovialer Endfünfziger und Vorstandsmitglied des Mutterunternehmens. Sie sprach im Coaching fast ausschließlich über ihn und berichtete dabei von Verhaltensweisen, die an Misogynie nicht zu überbieten waren. Zum Beispiel pflegte er sie immer wieder, mit besonderer Vorliebe in größeren Sitzungen, »unsere bezaubernde Jeannie« zu nennen: eine Anspielung auf die blonde, kurvenreiche Flaschengeist-Lady aus einer TV-Serie der 60er, deren bemerkenswertes Schicksal es war, demjenigen für immer gehorchen zu müssen, der die Flasche öffnet – vermutlich hielt der Chef sich selbst für diesen. Das war noch seine kreativste Niedertracht. Ansonsten vergaß er in unternehmensöffentlichen Schreiben in der Regel ihren Doktortitel, ignorierte bei Entscheidungen ihre begründeten Einwände, regierte an ihr vorbei in ihren Bereich hinein und neigte zu Anzüglichkeiten unterster Schublade.

Zu einer klärenden Aussprache, um die sie mehrfach gebeten hatte, war er nicht zu bewegen. Sie erlebte sein Verhalten als eine einzige Demütigung. Wenn sie im Coaching über ihn sprach, konnte ich ihre Verachtung diesem Mann gegenüber fast körperlich spüren. Ihr Urteil über ihn war kalt, schneidend und vernichtend. Sie sagte, sie habe von der ersten Sekunde an gewusst, dass der Mann eine Pfeife sei. Sie ließ kein gutes Haar an ihm – weder an seiner Fachexpertise, noch an seiner Managerkompetenz oder seinen strategischen Konzepten für das Unternehmen. Und dass sie ihn in Verdacht hatte, ihre Karriere massiv zu hintertreiben, brauche ich nicht zu erwähnen. Auch nicht, dass sie meine weibliche Unterstützung suchte.

Selbstverständlich könnte man nun die Ärmel hochkrempeln und mit allerlei durchaus seriösen *Coaching-Tools* zu Werke gehen: Denkbar

16 Für die Skizze dieses wie auch der folgenden Beispiele aus meiner Praxis haben zum einen die entsprechenden realen Personen ihr Einverständnis gegeben, zum anderen sind die Kontextdaten so verändert, dass ein Wiedererkennen ausgeschlossen ist.

wäre, mit ihr *mentale Anker* zu bauen und *stabile Zonen* ausfindig zu machen, mit ihren *Persönlichkeitsanteilen Problemlösungsgymnastik* zu betreiben, an *Mottozielen, zweitbesten Lösungen* und »*Excellent Moments*« zu arbeiten und so weiter. Möglicherweise würde es sie dazu befähigen, ihn – bezogen auf seine Übergriffe – wirksamer in die Schranken zu weisen. Von Förderung und Unterstützung, die sie für ihr Fortkommen dringend brauchte, wäre sie dann immer noch weit entfernt.

Denn solange an dem Thema nur personenbezogen gearbeitet wird, bleibt der eigentlich ausschlaggebende Teil im Dunkel: Hier geht es in erster Instanz um hierarchische Macht und deren Akzeptanz. Hier geht es um die innere Haltung einer Führungskraft zu ihrem Chef als Vertreter der organisationalen Hierarchie – nicht als Mensch. Auch nicht als Mann. So bitter das ist: Der Chef kann im Sinne der organisationalen Logik mit Fug und Recht ein anderes *Commitment* von ihr erwarten, das heißt eine andere innere Haltung ihm gegenüber. Ob er fähig ist oder unfähig, frauenfeindlich oder nicht: Er ist ihr Chef. Und als solcher gebührt ihm ein entsprechender Rollenrespekt. Versagt sie ihm den, wird sie nicht weiterkommen. Und in der Logik der Hierarchie haben da die Subalternen seit Menschengedenken zunächst einmal die Bringschuld.[17] Erst, wenn sie das anerkennen und damit Frieden schließen kann, wenn sie die gegebene Asymmetrie der Rangordnung für sich selbst annehmen kann, ist die Basis für eine wirksame Auseinandersetzung geschaffen. Nur vor diesem Hintergrund sind eine Betrachtung der Interaktionsmuster und eine Stärkung der persönlichen Ressourcen sinnvoll.

Ich habe in dem beschrieben Fall lange gebraucht, um zu begreifen, wie sehr ich diesen Einsichten innerlich ausgewichen bin. Die Verführung des Schulterschlusses in weiblicher Komplizenschaft war zu groß. Dass damit meine Allparteilichkeit aus dem Lot geriet, liegt auf der Hand. Ich erinnere mich gut an meine Scham, als ich das erkannte. In dem dann folgenden Prozess kam die Klientin letztlich zu der Erkenntnis, dass sie den nötigen Rollenrespekt nicht aufzubringen vermochte – und auch nicht wollte. Gleichzeitig gelang es ihr aber auch zu sehen, dass sie nicht nur Opfer, sondern auch Treiberin

---

17 Der Philosoph und Gruppendynamiker Gerhard Schwarz (1985) setzt Hierarchie geradewegs mit der »Heiligen Ordnung der Männer« gleich. Als Versuch, die Geschichte der Formen menschlichen Zusammenlebens und deren Kommunikationsmuster konsequent als Geschichte des Patriarchats zu erzählen, bietet der Autor eine heute bisweilen fehlende Perspektive in der Auseinandersetzung mit dem Thema an.

der Karriereverhinderung war. Sie entschied sich, das Unternehmen zu verlassen. Sie ging im Guten und fand in einem anderen Unternehmen die Topmanagement-Aufgabe, die sie gesucht hatte.

Man könnte es zusammenfassend etwas höfisch-provokant auch so sagen: Nur die Person, der es gelingt, dem König die gebührende Ehre und Anerkennung entgegenzubringen, wird Gehör für die eigenen Anliegen, Interessen und ggf. konträren Positionen finden – und damit eine Chance haben, sich durchzusetzen. Das sind die unsichtbaren Regeln der Macht. Auch wenn ich sie nicht gutheiße – als Coach von Hierarchen muss ich sie erst einmal selbst anerkennen können.

4 Anerkennen, was ist – reloaded

Jede Veränderung beginnt mit einer Würdigung des Gegebenen.

Es ist nicht einfach, sich mit diesem Prinzip anzufreunden, zumal dann nicht, wenn man aus einer kulturellen Tradition des Aufbegehrens gegen vorgefundene Zustände kommt. Gleichwohl zeigt sich in der Praxis immer wieder, dass es zutrifft: Es bewegt sich erst dann etwas, wenn das, was bis hierher Gestalt angenommen hat und gegenwärtig Gültigkeit genießt, mit Achtung behandelt wird.

Also: *Anerkennen, was ist.*[18] Es gibt kaum einen Leitsatz aus dem beachtlichen Arsenal der professionellen Sentenzen, der sich bei mir tiefer eingeschrieben hätte als dieser. Ein wenig heikel ist dieses Prinzip schon – legt es doch nah, dass etwas überhaupt »ist«. Lassen wir diese konstruktivistischen Spitzfindigkeiten einstweilen außen vor und geben wir der schlichten Klarheit, die beim Klang dieser drei Worte sofort aufscheint, einmal Raum. Dazu muss man ihnen aber erst einmal aufmerksam lauschen. *Anerkennen, was ist.* Dieser Dreiklang hat eine ganz spezifische Schwingung. Ein seltsamer Frieden liegt darin, ein freundlicher Gleichmut, der einem das Gefühl gibt, alle Müh und Plage einmal fahren lassen zu können. Wenn sein darf, was ist: Ja, dann darf ich erst mal durchatmen, eh ich mich der Veränderungsanstrengung verschreibe.

Der stille Zauber der drei Worte, die noch nicht einmal wissen, ob sie ein Imperativ oder ein einfacher Infinitiv sein wollen, hat eine bemerkenswerte Kraft, wenn man sich darauf einlassen kann. Was könnte dem überhitzten Veränderungs- und Machbarkeitsdiktat unserer Tage eleganter und bescheidener Einhalt gebieten kann als dieses schlichte *Anerkennen, was ist?*

Weniger poetisch betrachtet, und noch mal ganz von vorne aufgerollt, ergibt sich dies:

Im Coaching geht es um Leistung. Um Unterstützung der Selbst- und Handlungssteuerung von Menschen, die Ziele erreichen wollen.[19]

---

18 Hier geht es um ein prominentes Metaprinzip aus einer Sammlung von Leitideen, die sich aus den Erkenntnissen der Aufstellungsarbeit entwickelt haben. Das vollständige Konzept der Prinzipien zum Systemerhalt findet sich u. a. bei Sparrer (2006).

19 Zur Orientierung in den abstrakten Gefilden der Coachingtheorie seien die erhellenden Publikationen von Michael Loebbert empfohlen (u. a. Loebbert 2015).

Die Leitidee von Coaching ist eine Entwicklungsidee, zu der wohlgeformte Entwicklungsziele und entsprechende Entwicklungsschritte gehören. Wer sich entwickeln will, muss sich auch verändern, anders geht's nicht. Ein Coachee weiß in der Regel, wohin sie oder er sich verändern oder entwickeln will oder soll. Das Entwicklungsziel wird mit professioneller Unterstützung des Coachs zumeist artig formuliert. Dies alles ist allgemeiner Standard und erwiesenermaßen sinnvoll. Unabhängig davon, mit welcher Methode die Unterstützung bei der Zielfindung hinterlegt ist, geht es darum, auf möglichst effiziente und zeitsparende Weise den Status quo der Leistungserbringung zu verbessern. So ist Coaching gedacht, deswegen wird es von den Unternehmen bezahlt. Dieser Kernauftrag birgt allerdings eine für unsere Arbeit spezifische Falle: Er bildet das zur DNA jeder Unternehmenslogik gehörende Optimierungsgebot nicht nur ab, er multipliziert dessen Imperativ, und verlängert es damit in die Intimität der persönlichen Entwicklung hinein.

Der Trend geht dahin, dass Coachees schon mit einem fix und fertig ausformulierten Entwicklungsziel erscheinen, z. B. in Form von Ergebnissen aus Assessment-Centern, standardisierten Feedbackprozessen oder Beurteilungsgesprächen, und sozusagen schon mit den Hufen scharren, weil sie sich gern zielstrebig und ohne Verzug an die Arbeit machen wollen. Alles ist für sie nur eine Frage des effizienten Selbstmanagements. Die Idee der grenzenlosen Machbarkeit treibt allenthalben seltsame Blüten. Trainingsangebote wie »Charisma in drei Tagen« und ähnliche Verheißungen legen davon Zeugnis ab. Ein entsprechend geprägter Typ Coachee kommt auch immer häufiger vor: eine Person, die präzise weiß, wohin sie will, und zur Zielerreichung schnell und effektiv investieren will. Eine, die ihr privates und berufliches Leben und Fortkommen in höchstem Maße effizient zu managen gewohnt ist. Eine Person, bei der kaum mehr zu unterscheiden ist, welche Ziele sie sich selbst in ihrer individuellen Autonomie gesteckt hat, und welche Ziele das Unternehmen für sie vorsieht. Alles verschmilzt zu einem generischen Wunsch nach Weiterentwicklung.

Dies ist eine ganz andere Ausgangslage als das in vielen Lehrbüchern als Standardsituation beschriebene »Problemcoaching«. Letzteres geht in der Regel von einem Coachinganlass aus, der klientenseitig als Defizit, Belastung oder Störung beschrieben wird, kurz: als Problem. Für ein solches Anliegen sind all jene theoretischen und methodenpraktischen Instrumentarien zum Umgang mit der »Problemkonstruktion« gedacht.[20] Alle *Reframings*, zirkulären Fragen und andere Verflüssigungen zielen letztlich auf das vom Klienten »mitgebrachte« Problem. Für die glühend Optimierungswilligen indes ist das weniger relevant – die haben gar kein Problem. Allein das Wort ist schon tabu. Sie sind rundum positiv und ressourcenorientiert voreingestellt und wollen einfach alles, was sie haben, entwickeln und maximieren.

Nicht nur den hinlänglich bekannten mühseligen und beladenen Probleminhabern gegenüber brauchen wir also eine taugliche Haltung, wenn es um die Dynamik von Entwicklung geht, sondern auch gegenüber diesem neueren Typus. In beiden Fällen gibt für mich der Leitsatz *»Anerkennen, was ist«* in unterschiedlicher Weise den Kurs vor.

4.1 Die Problembeladenen

Natürlich kennen alle systemisch geschulten Coachs die Devise: Ein Problem ist immer auch eine Lösung. Oder: In jedem subjektiv als problematisch erlebten Verhalten lässt sich eine anerkennenswerte Bewältigungsleistung sehen.

Nicht an diesen Theoremen, sondern an der Frage, wie man mit der Problemdarstellung der Klienten umgehen soll, scheiden sich die Geister. Ob überhaupt, und wenn ja, wie lang und wie intensiv darauf eingegangen werden sollte – dazu gibt es viele sehr unterschiedliche Lehrmeinungen. Steve de Shazer und Insoo Kim Berg haben den beeindruckenden Nachweis dafür erbracht, dass man noch nicht einmal das Problem kennen muss, um erfolgreich an einer Lösung arbeiten zu können. Dem steht die Auffassung von z. B. Gunther Schmidt gegenüber, dass eine Würdigung der Belastungsempfindung unverzichtbar ist.[21] Mein Fazit aus verschiedenen Phasen des Praktizierens

20 Eine unüberschaubare Anzahl von Veröffentlichungen beschäftigt sich zentral mit der ressourcenorientierten Umdeutung von Störung/Defizit/Problem (u. a. Mücke 2009; Schmidt 2004). Es handelt sich m. E. schlechterdings um die Zentralperspektive systemischer Interventionen. Hier heißt es Reframing, und so wird dieser Begriff im Folgenden Verwendung finden.

21 Die radikale Herangehensweise von Steve de Shazer (1988) hat viele, die aus der traditionellen, defizitorientierten Denkwelt kamen, zunächst ungemein fasziniert und ihnen nachhaltig den Kopf gewaschen. Vielleicht aber – so könnte man inzwischen zweifeln – gelang ihm vieles nur deswegen so umwerfend leicht, weil er eben der Mensch war, der er war. Gunther Schmidt (2004) hat hier eine abweichende Sicht. Die Begrifflichkeit seines hypnosystemischen Ansatzes wird im Folgenden gelegentlich verwandt.

mit beiderlei Vorgehensweisen ist folgendes: Je belasteter sich eine Person fühlt, desto wichtiger wird es, die Last, die sie trägt, zu beachten und damit ihren Kampf zu würdigen.

Alles entscheidet sich – auch hier – bereits beim Zuhören, dann, wenn die Person ihr Problem beschreibt. Dabei gilt es wieder, genau darauf zu achten, welche Resonanz in mir entsteht. Angenommen, vor mir sitzt ein Mensch, der in epischer Breite sein Problemerleben beschreibt: Womit beschäftige ich mich während des Zuhörens? Suche ich unwillkürlich parallel nach einer geeigneten Strategie, die Problembeschreibung zu beenden oder zu unterbrechen? Oder trachte ich, etwas professioneller, danach, weitere problembezogene Ausführungen durch frühzeitiges ressourcenorientiertes *Reframing* zu unterbinden? In beiden Fällen ist die Gefahr ziemlich groß, dass die Coacheeperson meine Intervention, selbst bei der elegantesten Ausführung meines Vorhabens, als Brüskierung erlebt – und sich gegen alles Weitere, was von mir kommt, verschließen wird. Es ist im Grunde sehr leicht zu erkennen, ob mein Gegenüber bereit ist, sich auf ressourcenorientierte Perspektiven und Lösungsgedanken einzulassen: Wenn erst mal alles »raus« ist, verändert sich in der Regel auch die Atmung, der Blick und die Körperhaltung. Die Person signalisiert vorsichtig, aber deutlich wahrnehmbar ihre Aufnahmebereitschaft.

Bevor jedoch dieser Punkt erreicht ist, lohnt es, sich während der Exploration des Anliegens an folgenden Fragen entlang selbst zu beobachten: Bekomme ich ein Gefühl dafür, wie tief das Problemerleben meines Gegenübers geht? Kommt bei mir an, wie die Person damit ringt, in welchem Maße es sie bedrückt? Hab ich Respekt vor dem, was sie schon »gestemmt« hat? Oder schüttle ich unwillkürlich innerlich den Kopf über so viel Wind um nichts? Kann ich es ohne inneres Augenverdrehen aushalten, mit welch störrischer Vehemenz mein Gegenüber wieder und wieder selbst zum Problemerhalt beiträgt? Bei diesen »Idiotentest-Fragen« werden vermutlich alle Rechtschaffenen der Zunft die Nase rümpfen, aber das Gefühl der Abwertung überkommt uns alle schneller, als wir denken können – wie in den vorangegangenen Ausführungen zu den *Okay-Positionen* bereits skizziert.

Mit anderen teilen zu wollen, was uns bedrückt, ist ein Grundbedürfnis der menschlichen Natur. Wir wollen uns damit etwas von der Seele reden und Entlastung und Trost erreichen. Mit der Entdeckung, welch ungeheure Heilkraft eine solche »Sprechkur« haben kann, fand die moderne Psychologie ihren Anfang. Dies war das unumstrittene

Verdienst von Sigmund Freud. Noch heute leben Heerscharen von Psychoanalytikern im Wesentlichen vom qualifizierten Zuhören. Wenn wir uns öffnen, unseren Kummer jemandem anvertrauen, dann möchten wir, dass diese Person versteht, worunter wir leiden. Es ist, als müssten wir zu allererst einmal sicher sein, dass unser Gegenüber die Last sieht, die wir tragen, und unsere Pein damit nachvollziehen kann. Wir wollen das gewürdigt wissen. Dann, ja dann sind wir eventuell bereit, uns den Überlegungen zu widmen, die uns die Sache am Ende erleichtern könnten. Denn wenn es so leicht wäre, es anders zu machen, als wir es bisher versucht haben, dann wäre ja alle Mühe umsonst gewesen – und damit nichts wert. Wenn ein Coachee wirklich in Not ist, kann ein zu früh angezettelter *Solution Talk,* eine vorzeitige Ausrichtung des Gesprächs auf die Lösung, Vertrauen beschädigen und den Prozess behindern. Und in veritable Not geraten die aufgeräumtesten Zeitgenossen. Im Extremfall kann die Person so verzweifelt sein, dass sie gar nicht mehr weiß, was sie machen soll. Alles, was sie versucht hat, hat zum Scheitern geführt. Die Berichte über zahllose unglückselige Versuche wollen gar nicht abreißen, jeder Versuch führte zu noch mehr »Streng dich an!« – und nun ist einfach Schluss. Spätestens hier zeigt sich, ob es so was in meiner Welt überhaupt geben darf.

> Ich erinnere mich an einen Mann mittleren Alters, der seit Jahren in seinem Unternehmen dafür kämpfte, eine Führungsaufgabe zu bekommen. Er berichtete von zahllosen Fast-Beförderungen – Situationen, in denen ihm die Stelle schon »so gut wie versprochen« war, letztlich aber doch an jemand anderes vergeben wurde oder infolge einer Reorganisation einfach wegfiel. Oder doch von einer Frau besetzt werden musste. Davor und danach gab es immer wieder Gespräche, Assessment-Center, Kompetenz- und Persönlichkeitstests, Fördermaßnahmen, Seminare für Nachwuchsführungskräfte, sowie im Laufe der Jahre zwei ganze Mentoringprogramme. Und einen Chef, der ihm seit Anbeginn in Aussicht gestellt hat, seine Nachfolge antreten zu können. Der Chef ist aber immer noch da. Obwohl die Ergebnisse aller Tests und Maßnahmen nicht gegen seine Führungsfähigkeit sprachen, war der Mann mittleren Alters immer noch am selben Platz – Sachbearbeiter in einer ungeliebten Abteilung mit ebenso ungeliebten Aufgaben. Seine Motivation war nach dieser Tour de Force im frostigen Minusbereich. Und so landete er bei mir. Ein Coaching als Gnadenbrot des Unternehmens – wie er es ausdrückte.

Was tun mit einem solchen Unglücksraben? Wie soll man sich zu dem vernichtenden Befund des Scheiterns stellen? Selbstverständlich sind die bisherigen Bewältigungsversuche zu würdigen. Manchmal kann aber die amtliche Feststellung, mit einem Vorhaben erst einmal gegen die Wand gefahren zu sein, für Menschen etwas ungemein Erlösendes haben. Desillusionierung führt manchmal zu Entlastung. Auch das ist gelebtes *Anerkennen, was ist*: ein Moment absoluten Stillstands, das Scheitern in Reinform.

Und das sollte in seiner ganzen Schwere ins Gewicht fallen dürfen. Es hilft hier wenig, die Problemlage ressourcenorientiert zu *reframen* und dann stracks in eine Lösungsorientierung umzubiegen. Denn wenn die Coacheeperson respektvoll und gleichermaßen schonungslos darauf schauen kann, dass sie unter Aufbietung all der ihr zu Gebote stehenden Strategien und Handlungsmöglichkeiten an irgendeiner Wand gescheitert ist – dann kann sie vielleicht aufhören, immer mehr vom Selben zu tun. Dann ist sie von dem Druck erlöst, es wieder und wieder zu versuchen. Scheitern zu dürfen – und dies auch so zu nennen –, kann eine elementare und nährende Erfahrung sein. Wie Coachs eine solche Haltung zum Ausdruck bringen, ist nachrangig. Wer sie plastisch und lebendig in sich trägt, muss unter Umständen gar nicht mehr viel tun. Denn auch hier gilt aus der Gegensicht: Ob die Anteilnahme eines anderen Menschen – hier des Coachs – von diesem aufrichtig empfunden oder nur routiniert behauptet wird, können wir instinktsicher unterscheiden – besonders, wenn wir in Not sind.

> In dem oben beschriebenen Fall konnte ich so viel Unglück auf einmal schlecht aushalten und habe mich reflexhaft auf die Ermutigungsseite geschwungen. Ich *wollte* ihm gern den Weg zu mehr Zuversicht ebnen, seinen Blick auf die Möglichkeit in der Unmöglichkeit lenken. Natürlich nicht in plumper Ansprache, sondern mit allen professionellen Tricks und Kniffen, die mir einfielen. Damit bin ich kläglich gescheitert. Nichts ging voran, wir steckten fest. Erst als ich mir meines eigenen Scheiterns bewusst wurde, fand ich einen Weg, ihn mit dem seinen anteilnehmend zu konfrontieren. Erst dann löste sich der Knoten langsam. *Anerkennen, was ist.*

4.2 Die Turbo-Selbstmanager

Ganz anders präsentiert sich die bereits erwähnte Spezies der allseits alerten, dynamischen und entwicklungsbereiten Selbstoptimierer.

Kommunikationserfahren, hart gesotten im Umgang mit sich selbst und den Widrigkeiten des Lebens, die, die kein Risiko und kein Hindernis scheuen, die Entscheidungsschnellen, die globalen Partner, denen keine *Challenge* zu groß und kein Ziel zu weit ist, die Berufscoolen – für all diese ist »Problem« ein Fremdwort.

Dazu kommt die Flughöhe der Intelligenz, die diese Spezies mitbringt. Eine kognitive Tiefenschärfe, eine Geschwindigkeit, Informationen miteinander zu verknüpfen und im Handumdrehen eine blitzsaubere Schlussfolgerung zu präsentieren – da kann einem Hören und Sehen vergehen. Alles, was keine *Challenge* darstellt, wird gar nicht erst wahrgenommen. Ob *out of the box, Presencing* oder *Design thinking*[22]: Im Denken dem Gegenüber immer um ein Lichtjährchen voraus zu sein ist sportlicher Standard. So jemand kennt sich oft besser in der Zukunft aus als in der Gegenwart. Das Jetzt ist immer schon im Zustand des gerade Vergehenden. Alles Gegenwärtige kommt nur als transitorischer Zustand vor, als etwas zu Veränderndes. Während es bei dem Typ »Problembeladener« zunächst darum geht, ihn aus der »Problemtrance« – also der hypnotischen Verhaftung in der leidvoll erlebten Gegenwart – herauszubegleiten, so ist es bei dem Typ »Turbo-Selbstmanager« angezeigt, ihn aus der Zukunftsfixierung in die Ver-gegenwärtigung zu bringen. Das ist, wie einen Weitsichtigen an das Tragen einer Lesebrille für den Nahbereich heranzuführen. Denn oft ist es ungeheuer nützlich, auch mal das Kleingedruckte des Lebens lesen zu können.

Diese Umorientierung im Sinne einer zentralen interventionsleitenden Hypothese ist ein sehr delikater Vorgang. Was hier gefordert wird, stülpt vieles um, was wir mal gelernt haben, denn die vollendete Zukunft ist für unsere Arbeit sonst ein zentraler Referenzpunkt. Es erfordert eine hohe Sensibilität für das, worüber die Coachees hinwegsehen, wenn der Blick immer starr auf eine zukünftige Gegenwart gerichtet ist. Insofern hat der Leitsatz *Anerkennen, was ist* hier eine ganz andere Bedeutung. Das, was Anerkennung braucht, ist meist das, was aus dem Kosmos elaborierter Kommunikationsfähigkeit »exkommuniziert« worden ist. So manches entzieht sich dem Blick desjenigen, der immer schneller sein will als die Angst. Die profes-

22 Nichts für ungut: Die schnell wechselnden Moden des Denkens bringen mitunter Wertvolles hervor. So stehen »Presencing« (Scharmer 2009) und »Design Thinking« (Uebernickel et al. 2015) auf sehr unterschiedliche Weise für den spannenden Versuch, der Zukunft in der Gegenwart zu begegnen.

sionelle Aufmerksamkeit richtet sich also auf die möglicherweise ausgeblendeten Themen oder Anteile und deren Wiedereinblendung und Reintegration.[23] Es gilt dabei zu explorieren, wo die innere Landkarte der Person weiße Flecken aufweist oder wo darauf z. B. sechsspurige Autobahnen verzeichnet sind, wenn eigentlich nur staubige Trampelpfade zur Verfügung stehen dürften. Denn es »kann sich gerade die Abwesenheit von Problemen als Problem herausstellen, wenn etwa jemand (…) herausfindet, dass sich in seiner bisherigen Art zu leben (…) eine Entfremdung von sich selbst ausdrückt« (von Schlippe u. Schweitzer 2002, S. 274 f.). Und diese so unspezifische wie nagende Empfindung wird von immer mehr Angehörigen der oben skizzierten Spezies nach einer geraumen Weile des Turbolebens geäußert.

Um in diesem Feld navigieren zu können, ist eine innere Orientierung vonnöten, es braucht die Sicherheit, im Fluss der Interaktionsdynamik auch gegen den Strom schwimmen zu können. Wer der Verführung erliegt, die von der Brillanz, der Geschmeidigkeit und flammenden Veränderungsbegeisterung dieser Menschen ausgeht, landet in einer Dynamik, die immer mehr vom Selben schafft. Dann kann es zwar sein, dass sie durchaus zufrieden sind, weil ihre Erwartung erfüllt wurde, am Ende aber klagen sie vermutlich, sie seien nicht ausreichend *gefordert* worden. Und sie haben recht. Zumindest dann, wenn es im Coaching nicht gelungen ist, einen Unterschied zu den kulturellen Bewältigungsmustern des Herkunftskontextes erfahrbar zu machen. Deshalb sollte ein Innehalten möglich werden, ein Um-sich-Schauen, eine Inaugenscheinnahme des Jetzt. Denn aus dem Jetzt wächst das Zukünftige. Und wie das berühmte Gras wächst es nicht schneller, wenn man dran zieht.

So steht die Leitidee *Anerkennen, was ist* auf ganz unterschiedliche Weise am Anfang einer wunderbaren Freundschaft mit dem Einfachen und Unmittelbaren in der inneren Welt der Coachees. Sowohl mit dem Problem und der Not des einen, als auch dem rasanten Entwicklungsziel des anderen.

Auf diese Weise gut gerüstet kann es nun weitergehen auf unserer Reise.

---

23 Als sehr hilfreich erweisen sich hier die Aufstellungsformate, die Insa Sparrer (2006) zur Wiedereinbeziehung des »ausgeblendeten Themas« entwickelt hat. Es ist eine Herangehensweise, die sich auf eine sehr plastische und aufregende Weise dem nähert, was die Analytiker als das Unbewusste von Individuen, Gruppen und Organisationen bezeichnen würden. Natürlich ist das »ausgeblendete Thema« nichts anderes als ein »abgewehrtes« oder »verdrängtes« Thema – morphogenetische Felder und kataleptische Hände hin oder her.

5 Mit Gefühl

Wir landen nun in einer ziemlich windigen Gegend. Wild und lieblich gleichermaßen. Hier soll es sie geben: Gefühle. Scheue und gleichzeitig unberechenbare Wesen, die weitgehend im Verborgenen leben, obwohl sie allgegenwärtig sind. Sie tauchen immer gern da auf, wo man sie nicht erwartet hätte. Ihre Existenz wird im systemischen Denken zwar anerkannt, jedoch mehr geduldet als geachtet. Allein die landläufige Begrifflichkeit in diesem Feld steht schon unter Verdacht. Einfühlung, Empathie, Mitschwingen – kann, darf oder soll es das geben? Wenn ja: Wie viel ist gut und wann ist es zu viel des Guten? In Coachingfachkreisen und innerhalb der therapeutischen Schulen herrscht hier ein gern ignorierter Dissens.[24] Gefühle haben im Wesentlichen die Klienten. Dass auch die professionell Praktizierenden solche haben, interessiert nach wie vor kaum. Und wenn, dann heißen sie nicht so.

Dass aber die Beziehungsgestaltung zwischen den beiden Rolleninhabern wesentlich davon abhängt, wie man mit dem Gefühlsgeschehen im Interaktionssystem umgeht, liegt auf der Hand. Und damit sind wir am Dreh- und Angelpunkt für den Erfolg unseres Tuns angelangt. Alle jemals erstellten Wirksamkeitsstudien zu Beratungsformen – ob Coaching, Psychotherapie, Erziehungsberatung, seelsorgerische Gespräche oder Sonstiges – verweisen in großer Einmütigkeit auf einen in seiner Wichtigkeit alles überragenden Erfolgsfaktor: Die Beziehung zwischen Beratungsperson und Klientenperson.[25] Sogar die Unterschiede der Schulen sind demgegenüber irrelevant – ein erstaunlicher Befund.

Da entsteht also »etwas« im Interaktionsfeld zwischen den beiden Rolleninhabern, das ausschlaggebend fürs Gelingen der gemeinsamen

---

24 Einige – im Vergleich wenige – Veröffentlichungen widmen sich indes ausgesprochen verdienstvoll dem Thema der affektiven Kommunikation. An erster Stelle sind hier die Arbeiten der Meilener Gruppe um Welter-Enderlin und Hildenbrand zu nennen (Welter-Enderlin u. Hildenbrand 1998).

25 Erik de Haan (2013) darf hier nicht unerwähnt bleiben. Es ist die größte, weltweit durchgeführte Coachingwirksamkeitsstudie, verantwortet von der Ashridge Business School. Sie legt sehr eindrucksvoll dar, dass die Beziehung für den Coachingerfolg der ausschlaggebende Faktor ist – und bestätigt damit nur ein weiteres Mal, was alle Studien zuvor bereits einmütig zutage gefördert haben.

Bemühungen ist, und es drängt sich sofort die Frage auf, wie »es« herzustellen und zu gestalten ist. Was also hat dieses »es« mit der Dynamik der einander entgegengebrachten Gefühle zu tun? Nichts ist komplizierter, störbarer und volatiler als Beziehungen und Gefühle – wer wüsste das nicht.

Wenn diese Ebene, dieses Feld jedoch so entscheidend für den Erfolg in unserer Arbeit ist, dann lohnt es sich doch, auch hier mal etwas länger forschend zu verweilen. Wir könnten uns den Wind ins Gesicht wehen lassen, ein paar weitere geliehene Brillen ausprobieren, und hier und da einen Besuch in fremden Gärten riskieren.

5.1 Brille Gestalttherapie: Die Seele berühren

Beziehung ist Kontakt. Kontakt ist gebunden an Gefühle. Wenn wir über Gefühle in der Interaktion nachdenken, denken wir über Kontakt nach. Ein Kontakt kann gut sein, intensiv, unterbrochen, vergiftet oder vorsichtig, ein Kontakt kann zur Vereinigung oder zum Zusammenprall führen. Ich öffne mich oder verschließe mich einer Person gegenüber und erlebe Menschen umgekehrt als offen oder verschlossen. Unsere Alltagssprache geht ganz selbstverständlich mit diesen Vorgängen um, die offenbar eine kollektive Gefühlserfahrung beschreiben.

Es ist nicht schwer zu spüren, wann echter Kontakt in einer Begegnung entsteht und wann eben dies nicht gelingt. Auch ist es in den Begegnungen des Alltags durchaus wahrnehmbar, wenn jemand initiativ in Kontakt geht, und gleichermaßen, wenn genau das der Gegenstand der Vermeidung ist. Es hat tatsächlich etwas mit Berührung zu tun – einer Berührung, die stattfindet oder ausbleibt. Auf der Oberfläche mag alles ähnlich aussehen, im inneren Erleben indes tut sich ein maßgeblicher Unterschied auf. Was ist der Unterschied, der den Unterschied macht? Was ist das Geheimnis darin? Was genau muss ich aus mir selbst heraus bereitstellen, um in Kontakt mit einem Gegenüber zu kommen? Diese Frage halbwegs beantworten zu können und entsprechende Verhaltensmöglichkeiten zur Verfügung zu haben steht im Zentrum dessen, was Menschen, die mit Menschen arbeiten, können sollten. »Kontaktkompetenz« müsste entsprechend ein wichtiges Lernziel von Ausbildungen im Feld Coaching/Training/Beratung sein. Geht es doch um die Fähigkeit und Bereitschaft zu einem über das gewöhnliche Maß hinaus offenen und gleichzeitig gut begrenzten Aufeinander-bezogen-Sein im Moment der Begegnung. Genau hier liegen allzu oft Defizite.

In der Gestalttherapie ist Kontakt ein zentraler Begriff. Also eignet sie sich hier als Brille. Kontakt bezeichnet in diesem Theorierahmen, was zwischen einem Innen und einem Außen stattfindet, er steht für den Austausch zwischen Organismus und Umwelt. Im Kontakt wird reguliert, wie viel »Nahrung« aufgenommen werden soll und kann. Jeder Organismus lebt von Nahrung, so auch der menschliche. Er lebt von der Aufnahme von Außenreizen, die er einbezieht, verdaut, assimiliert und integriert. Nur, wenn er in der Lage ist, dies in einem ausgewogenen Maße zu tun, ist er gesund. In Aristoteles' Schrift »Über die Seele«, auf die sich die Väter der Gestalttherapie[26] beziehen, werden alle Sinnesorgane des Menschen als »Kontaktorgane« im Sinne des seelischen Berührtwerdens verstanden. Demzufolge könnte man sagen: Kontakt heißt, die Seele berühren. Obgleich sich eine solche Formulierung in so manchen heutigen Ohren nach Kalenderspruch anhören mag, ist es bemerkenswert einfach, spontan nachzuvollziehen, was damit gemeint ist. Es scheint sich da um altes Menschheitswissen zu handeln, eine kollektive Erfahrung, die wir sozusagen auf Artgenossenebene miteinander teilen.

Kontakt ist nicht einfach da oder nicht da. Kontakt ist innere Bewegung. In einem stetigen Zyklus von aufeinander zu und voneinander weg nimmt er seine jeweilige Gestalt an. Er muss hergestellt, gehalten und wieder gelöst werden. Als Bewegung betrachtet entwickelt sich Kontakt in einer wiederkehrenden Wellenbewegung von der Anbahnung zum Aufbau über den Vollkontakt zum Abklingen und Nachkontakt.

In der Gestalttherapie wird vieles auf dieses zentrale Modell hin reflektiert. Es drückt die Urbewegung des Sich-in-Beziehung-Setzens aus. Und so gleicht die Gestaltkurve der Kontaktphasen auf bemerkenswerte Weise dem Aufbau des klassischen Dramas: Exposition – steigende Handlung – Höhepunkt und Peripetie – fallende Handlung – Lösung. Es handelt sich wohl um eine archetypische Figur der Dramaturgie, um den Rhythmus, der das Zusammenleben der Menschen seit jeher interpunktiert. Das zyklische Anschwellen und Abschwellen ist gleichsam der Puls des Lebens an sich.[27] Im Coaching

26 Perls, Hefferline und Goodman (1979) knüpfen in der Entwicklung der Gestalttherapie an die Idee des »Seelenvermögens« von Aristoteles (2006) an.

27 Leider kommt dieser Puls mitunter ins Stolpern, wenn die Spannungsbögen unterbrochen werden oder nicht zustande kommen. Dies bezeichnet die Gestalttherapie dann als »Kontaktstörungen« und ist um deren Behandlung bemüht. Als erhellend und weiterführend in Bezug auf die gestalttherapeutische Diagnostik ist Dreitzel (2004) zu erwähnen.

geht es nicht anders zu. Kontakt baut sich langsam auf, er entsteht – zögernd, tastend zunächst. Er verdichtet sich, wird vollzogen und immer wieder verlassen. Der Bogen spannt sich sowohl über jede Sitzung als auch über den Gesamtprozess. Wenn diese Dramaturgie einen organischen Lauf nimmt, dann ergibt sich der Vollkontakt immer wieder auf's Neue und formt im Laufe des Prozesses die Gesamtgestalt der Beziehung.

Woran aber ist zu merken, dass der Vollkontakt stattfindet, dass die aristotelische »Seelenberührung« möglich wird? Wenn wir mal probehalber auf Kalenderspruchniveau bleiben wollen, ist die Sache schnell klar: Na, an den Augen natürlich, denn die sind bekanntermaßen der Spiegel der Seele! Ganz falsch ist das nicht.

Tatsächlich ist für uns der Blick in die Augen unseres Gegenübers etwas sehr Wichtiges im Kontakt. Dieses »Sich-in-die-Augen-Schauen« hat auch als umgangssprachliches Idiom eine hohe symbolische Bedeutung. Immer geht es dabei um einen Moment puren, unverstellten Kontakts, sei es ein Moment der geteilten Wahrheit, ein Moment des Versprechens oder ein Moment der Liebe – wobei man sich »tief« in die Augen schauen muss. Was genau da geschieht, ist schwer zu sagen. Das Zustandekommen dieser *magischen Momente* ist pure Emergenz. Für Geheimnisse gibt es keine Gebrauchsanweisung. Nichtsdestotrotz handelt es sich funktional um eine hocheffiziente Form, Beziehungen auszuhandeln.[28] Und in einer Beziehung »auf Augenhöhe« vollzieht sich das in Freiheit und unter gleichen Voraussetzungen.

Wir Menschenwesen haben konstitutionell einzig und allein fünf Brücken zur Verfügung, über die wir mit der Außenwelt in Kontakt treten können – unsere fünf Sinneskanäle. Sie bleiben von der Wiege bis zur Bahre unsere einzige Verbindung mit allem, was sich außerhalb unserer Körpergrenze befindet. Alles, was an Welterfahrung rein oder an Gedanken und Gefühlen raus will, muss diesen Weg gehen. Wenn ich gehört werden will, muss ich meine Stimme erheben. Wenn ich gesehen werden will, muss ich mich zeigen. Wenn ich berührt werden will, muss ich anfassen. Und doch kann es mir passieren,

---

28 Eine interessante Hypothese wäre, dass viele technisch ausgezeichnete virtuelle Kontakte im Hinblick auf ihre Wirksamkeit wesentlich daran kranken, dass die unmittelbare Blickbegegnung unmöglich ist. Die Augen können nur entweder in die Kamera schauen oder auf das übertragene Bild des Gegenübers. Das verschiebt die Blickachse und verhindert die Unmittelbarkeit der hochkomplexen Beziehungsauslotung im Sich-in-die-Augen-Schauen.

dass meinem Gegenüber etwas nicht schmeckt, was ich tue, oder er oder sie mich einfach nicht riechen kann. Auch wenn ich nur bedingt steuern kann, was mir auf dem Weg über die fünf Brücken entgegenkommen wird, so lohnt es sich doch, diese Zuwege gut zu pflegen und sie für einen florierenden Handel mit Kommunikationsgütern klug zu nutzen.

Das wechselseitige und vielgestaltige Von-außen-nach-Innen und Von-innen-nach-Außen konstituiert die Qualität jedweder Begegnung. Für einen vollen Kontakt bedarf es einer reifen Balance von Ausdruck und Eindruck. Im gleichen Moment, in dem ich etwas ausdrücke, nehme ich den Ausdruck meines Gegenübers als Eindruck in mir auf. Ich stelle mich der anderen Person ganz zur Verfügung und diese sich mir. Beider Repräsentanzen muss ich gewahr sein, beides muss ich mit allen Sinnen erleben können. Bin ich in meinem Gewahrsein zu sehr bei meinem Gegenüber, dann »kippt« der Kontakt – ebenso, wie es dessen Qualität empfindlich mindert, wenn ich zu sehr bei mir selbst bin. Entsteht jedoch im wechselseitigen Suchen und Kalibrieren eine Art Fließgleichgewicht, dann ist der Lohn ein Gefühl von Ganzheit, von Stimmigkeit und Sinn. Das ist das *Momentum*. Kontakt ereignet sich, indem ich ganz bei dem anderen und gleichzeitig ganz bei mir bin. Dieses Erleben des umfassenden Beieinanderseins ist das, wovon wir Menschenwesen zehren, wie es scheint, und wonach wir beständig streben. »In seinem Sein bestätigt sein will der Mensch durch Menschen werden, und will im Sein des anderen eine Gegenwart haben. (...) von einem mitgeborenen Chaos umwittert, schaut er heimlich und scheu nach einem Ja des Seindürfens aus (...); einander reichen die Menschen das Himmelsbrot des Selbstseins«, so drückte es einst Martin Buber aus.[29] Jedenfalls geschieht es immer wieder, dass die Qualität des Kontakts, der wir hier auf der Spur sind, von Klienten am Ende eines Coachingprozesses als die für sie wichtigste und fruchtbarste Erfahrung beschrieben wird. Nicht die gefundenen Lösungen, nicht die Reflexionen und hilfreichen Interventionen sind es, denn die gehören zum erwartbaren Standard des Beratungsformats. Wenn ein Wandel, ein Wachsen stattfindet, so hat dies wesentlich mit der Begegnungsqualität zu tun.

29 (Buber 1962, S. 423) Das sozialphilosophisches Werk Martin Bubers mit dem von ihm entwickelten »Dialogischen Prinzip« galt und gilt der Humanistischen Psychologie als lebendige Inspirationsquelle, so hat es auch das Menschenbild und die Theoriebildung der Gestalttherapie beeinflusst.

Was aber geschieht, wenn nicht zu wenig Kontakt stattfindet, sondern zu viel? Fassen wir noch einmal zusammen: Wenn man einander berühren will, dann begegnet man sich an einer Grenze, der Grenze zwischen »Ich« und »Du«. Man nähert sich, verringert den Zwischenraum immer weiter – so lange, bis sich die Grenzen berühren. Das ist im körperlichen Sinne so – da ist es die Haut des jeweils anderen Menschen – genauso wie im übertragenen Sinne der interpersonalen Begegnung. Berührung ist also so gesehen immer eine »Grenz-Erfahrung«. Der Ort der intimsten Begegnung ist gleichzeitig der Ort des existenziellen Voneinander-getrennt-Seins. Was für uns wichtig ist: ohne Grenze keine Berührung. Das gilt für jeden Kontakt und jede Beziehungsform. Gewiss brauchen wir professionell Beziehungsarbeitenden jedoch eine besonders stabile »Kontaktgrenze«. Es muss uns etwas zu Gebote stehen, das den Kontakt im Sinne der Berührung angemessen begrenzt und uns ermöglicht, entsprechend den Anforderungen einer professionellen Rolle zu handeln.

Es ist in Ausbildungsgruppen gut zu studieren, wie schwierig es ist, sich in diesem Spannungsfeld zu bewegen. Einerseits heißt die Forderung Sichöffnen, Sicheinlassen, Sich-zur-Verfügung-Stellen, und sobald das gelernt ist, muss gleich wieder die Abgrenzung eingeübt werden. Denn nichts ist damit gewonnen, meinem Gegenüber so nah zu kommen, dass ich in willfährigem Mitgefühl all seinen inneren Bewegungen folge. Gestalttherapeuten nennen diesen misslichen Zustand »Konfluenz« (»confluens« lat.: zusammenfließend). Wer konfluent ist, ist grenzen-los, hat die Kontaktgrenze nicht beachtet und Subjekt nicht mehr von Objekt unterschieden. Die Verbindung mit der Person des Coachees ist dann so stark, der Gleichklang mit ihrem Erleben so makellos, dass die Verführung groß ist, sich darin zu verlieren. Aber reflexiver Abstand ist ebenso wichtig wie Empathie und Nähe. Verschmelzung bedeutet die Aufhebung des Unterschieds, die Negierung und Auslöschung der Grenze. Und da keine Grenze mehr da ist, kann auch keine Berührung stattfinden. Insofern ist Konfluenz letzten Endes der Zustand der kontaktüberfluteten Kontaktlosigkeit. Aus dem Zuviel entsteht das Nichts.

Zwischen den Polen Unverbundensein und Verschmelzung, zwischen maximaler Distanz und Nähe im Kontakt, verorten nun die Gestalttherapeuten das richtige Maß der Dinge. Sie bezeichnen diesen Ort als »Nullpunkt« oder »Indifferenzpunkt«, als einen Zustand maximaler Ausgewogenheit. Nun ist mit dem Bild eines linearen

Kontinuums, zwischen dessen Polen es sich zu verorten gilt, noch gar nichts darüber gesagt, was genau denn im Sinne der Selbststeuerung zu tun ist, um diesen »Punkt« zu erreichen oder, anders gesagt, um eine gedeihliche Balance von Hinwendung und Abgrenzung herzustellen. Denn die Gefühlsdynamik gehorcht gemeinhin keinen solchen theoretischen Fixierungen.

5.2 Brille Zellbiologie: Semipermeabilität

An dieser Stelle bietet sich eine kleine, aber aparte Brille an, die den Durchblick gewährleistet und darüber hinaus zu einer praktischen Selbsthilfeintervention führen kann. Die Aufgabe lautet ja: zu Nähe fähig sein und gleichzeitig die eigene Grenze immer wieder behaupten können. Empfindungsfähig sein und die eigenen Gefühle kontrollieren können. Wir wissen, dass Berührung und Austausch an der Grenze stattfinden. Das gilt, wie gesagt, in jeder Beziehung, auch in privaten Beziehungen und auch in der Liebe. Aber ganz unbedingt und auf hohem Niveau gilt dies in der professionellen Kontaktgestaltung. Wie also ließe sich eine professionelle Mischung aus Nähe und Distanz, Mitfühlen und Gewappnetsein als innere Verfasstheit besser verstehen und handhaben? Es gibt einen Begriff, der die erforderliche innere Verfasstheit präzise und plastisch beschreibt: »Semipermeabilität«, Halbdurchlässigkeit. Er kommt ursprünglich aus der Zellbiologie und bezeichnet eine spezifische Art der Durchlässigkeit einer Membran: Eine semipermeable Membran lässt nur einen Teil der Substanz durch – z. B. das Lösungsmittel – und hält andere Moleküle zurück.

Dieser stoffliche Vergleich kann auf der Suche nach einem adäquaten inneren Set-up als Coach sehr hilfreich sein. Die Vorstellung einer solchen Membran taugt nicht nur als grundsätzliche Orientierung, sondern auch als eine Art situatives *Selbst-Priming*. Unter *Priming* sei hier im Sinne der Wahrnehmungspsychologie die durch einen Wahrnehmungsreiz ausgelöste Aktivierung neuronaler Netzwerke verstanden, welche bereits vorhandene Bilder, Vorerfahrungen und Erinnerungen zur Verfügung stellen. In diesem Sinne lässt sich gut für brenzlige Situationen vorsorgen: Wenn ich z. B. dem sehr emotionalen Bericht einer Coacheeperson lausche und spüre, dass mich etwas daran sehr mitnimmt, ich also konfluenzgefährdet bin, wenn mich das Erzählte vielleicht sogar unversehens in Kontakt mit eigenen ähnlichen Themen oder Erfahrungen bringt, dann löst dieser Eindruck umgehend ein schützendes inneres Bild aus, von dem ich bewusst Gebrauch machen kann.

Da war zum Beispiel eine Klientin, deren Geschichte und Geschichten mich immerzu in Gefahr brachten, mit ihr in Konfluenz zu gehen. Es war etwas an ihr, das mich geradewegs im empfindlichsten Winkel meiner Seele erreichen konnte. Eine beeindruckende Erscheinung, eine Frau wie ein strahlender Solitär – resolut, eloquent und charismatisch. Sicher auf jedem gesellschaftlichen Parkett, routiniert in öffentlichen Auftritten, ohne Scheu vor großem Publikum, großen Namen oder medialer Aufmerksamkeit. Unwillkürlich flog ihr meine Bewunderung zu – auch das ist nicht ganz unproblematisch. Aber noch wichtiger war für mich die verborgene Seite ihrer Persönlichkeit. Da gab es eine vibrierende Bedürftigkeit, ein tiefes Sehnen nach Zugehörigkeit, nach einem aufgehobenen Miteinander, einer Gemeinschaft, in der sie Teil des sie schützenden Ganzen sein darf. In solchen Momenten sah ich immer ein frierendes und halb verhungertes Kind allein in der Dunkelheit vor der erleuchteten Behaglichkeit bewohnter Häuser stehen. Wenn ich mit diesem Teil von ihr in engen Kontakt kam, geriet meine Grenze in Gefahr und ich in Not.

Auf ihrem bisherigen Weg hatte es an Gelegenheiten, sich anzuschließen, einen Platz in soliden und lebendigen Strukturen zu finden, nicht gemangelt. Im Gegenteil: Sie hatte nur keine der Einladungen angenommen, keine Gelegenheit genutzt. Argumente dafür, Abstand zu halten, und lieber auf sich selbst gestellt weiterzuziehen, fanden sich immer. Nun, da sie die Fünfzig überschritten hatte, begann sie, nachdenklich zu werden, und wollte beruflich noch einmal neu durchstarten.

Die Protagonisten solcher Geschichten nenne ich gern liebevoll die »Autonomieabhängigen«, und sie sind eine Herausforderung für meine professionelle Handlungsfähigkeit. Was dann aufscheint, ganz von allein, ist ein inneres Bild, das es mir ermöglicht, in Kontakt zu bleiben und doch nicht davon »verschluckt« zu werden. Es ist aus dem Prozess mit der beschriebenen Klientin hervorgegangen. Ich stelle mir vor, es gäbe in mir eine solch semipermeable Membran, einen ganz persönlichen Schutz, der wie ein Schleiermantel meine Innenräume umhüllt. Ich stelle mir wirklich Räume vor, verhangen von einer Art Moskitonetz aus magischer Gaze, das auf geheimnisvolle Weise genau filtert, was hinein darf und was außen vor bleibt.

Auf das Coachinggeschehen bezogen lässt sich auf diese Weise trennen, was im Moment für den Prozess wichtig ist und was nicht – oder *noch* nicht. Das eine darf rein, das andere bleibt draußen. Weniger romantisch könnte man auch sagen, es handelt sich um so eine Art innerer »Firewall« – eine Software, die es einem ermöglicht, unbeschadet in Kontakt gehen zu können, sich überhaupt berühren lassen zu können. Sie reguliert die Intensität der Eindrücke und sorgt dafür, dass nichts eingeschleust wird, was das professionelle System lahmlegen könnte – man verzeihe den Vergleich aus der Welt der Maschinen. Welches Bild gerade passt, Schleiermantel oder Firewall, das lässt sich je nach emotionaler Dichte der Situation, nach eigener Verfasstheit und der Persönlichkeit des jeweiligen Gegenübers frei wählen. Hauptsache, der auslösende Reiz ist fest mit dem Bild gekoppelt.

5.3 Brille Schauspiel: Spielbewusstsein

Wenn wir uns auf die Suche nach Beispielen für eine auf hohem Niveau gelungene Nutzung der Semipermeabilität machen, führt uns ein möglicher Weg ein weiteres Mal durch die mittlerweile schon bekannten Gärten der Schauspielerei. Denn dort hängen die Früchte tief und sind ausgesprochen saftig. Professionelle Schauspielerinnen und Schauspieler gelten als die unbestrittenen Virtuosen im geführten Umgang mit Gefühlen. Wie nämlich schaffen sie es, wiederholt und kontrolliert die verschiedensten Gefühlszustände zu durchleben, ohne sich darin völlig zu verlieren? In gleichbleibender Amplitude zwischen Furor und Zartheit? Wie ist es möglich, innerhalb der Rolle ganz wahrhaftig zu empfinden, sich mit aller persönlichen emotionalen Kraft der Interaktion zu widmen – und doch immer zu wissen, dass dies eine konstruierte Situation ist und dass das Gelingen auf präzise Steuerung angewiesen ist? Wie gelingt es, völlig in der Hitze von Impulsen und Affekten aufzugehen und doch niemals die Kontrolle zu verlieren?

Schauspielende nutzen in besonderem Maße eine Fähigkeit, die einzig wir Menschen als Spezies besitzen: die Fähigkeit, sich selbst beim Denken und Fühlen zu beobachten und diese Vorgänge gleichzeitig beeinflussen zu können. Genau darin bilden sie sich aus und bringen diese Kompetenz in eine vollendete Ausdrucksform. Sie lernen, in hohem Maße gleichzeitig zu fühlen, zu beobachten und zu handeln. Es gehört zu ihrem Handwerk, Assoziation und Dissoziation innerlich in stetiger Korrespondenz zu halten. Das, was sie sich damit als Grundausstattung für ihr professionelles Tun erobern, nennt sich schlicht »Spielbewusstsein«. Dieser Begriff beschreibt seelisch-geistige Vorgänge, denen das Prinzip der Rekursivität in Reinform zugrunde liegt: Fühlen und Reflektieren/Steuern sind im inneren System auf hohem Spannungsniveau in einem stetigen Prozess dynamischer Wechselwirkung. Die entsprechende Regulation vollzieht sich in rekursiven Schleifen.

Wir Normalsterblichen können das im Prinzip auch: ich bin in der Lage zu wissen, dass ich ärgerlich oder traurig bin, und mir dabei in dem Moment des Geschehens zuzuschauen. Das Bewusstsein dessen, was ich gerade empfinde, ermöglicht mir den steuernden Zugriff. Die Gestalttherapeuten nennen das Gewahrsein. Andere, z. B. die Buddhisten, nennen es Achtsamkeit. Wieder andere, z. B. die Systemiker, nennen es Rekursivität. Und genau das ist ein wichtiger Teil dessen, was Schauspielprofis tun – in jeder Vorstellung, in jedem Take. Diese Kompetenz lässt sich entwickeln, wie alles, was mit Selbststeuerung zu tun hat, durch Introspektion und Übung. Und so können wir es auch lernen.[30] Dieses Lernen ist eine Professionalisierungsleistung in unserem Berufsfeld Coaching und Beratung. Die dafür notwendige Suchbewegung geht in zwei entgegengesetzte Richtungen: Sie zielt – wie bei den Schauspielenden – zum einen auf das Zulassen der eigenen emotionalen Kraft und zum anderen auf deren Eingrenzung, Gestaltung und Steuerung in einer angemessenen professionellen Form.

Zum einen lohnt es sich, danach zu streben, dem Fühlen ganz allgemein mehr Raum zu geben. Wenn ich eine Energie, eine Bewegung gut steuern können möchte, dann muss sie ja erst einmal da sein. Oder anders gesagt: Wenn ich etwas zu einer komplexen Skulptur modellieren möchte, sollte das zu gestaltende Rohmaterial üppig vorhanden und von ausgezeichneter Qualität sein. Wenn ich als Coach keinen Zugang zu meinen Grundgefühlen habe, wenn ich mich ein Leben lang damit beschäftigt habe, auf keinen Fall z. B. Wut oder Trauer zu empfinden, dann werde ich mit großer Sicherheit Schwierigkeiten mit einer Coacheeperson bekommen, die diese Gefühle deutlich zum Ausdruck bringt: Ich werde sie unbewusst für ihre »Unbeherrschtheit« abwerten und damit einen achtungsvollen Kontakt behindern. Diejenigen Mitmenschen, die sich genau das er-

30 Für Interessierte sei hier auf das wunderbare Schauspiel-Standardwerk verwiesen: »Die Arbeit des Schauspielers an sich selbst« (Stanislawski 1961a).

lauben, was wir uns selbst unbewusst verbieten, wehren und werten wir am heftigsten ab. Oder andersherum: Je mehr wir uns selbst an Gemütsabgründen zugestehen, je mehr da ist und sein darf, desto professionell unerschütterter und elastischer können wir mit unseren Coachees an deren Anliegen arbeiten.

Zum anderen wächst selbstverständlich mit der Entwicklung der eigenen Empfindungsfähigkeit auch die Notwendigkeit, für die bewusste Steuerung affektiver Vorgänge sorgen zu können. Hier greifen all jene Methoden des Selbstmanagements, die im Handwerkskoffer jeder Coachperson zur Standardausrüstung gehören. Das einzig Entscheidende ist, all die klugen Methoden und Interventionen auch stetig auf sich selber anzuwenden – um in der Übung zu bleiben, jeden Tag, immer wieder, auch im privaten Alltag. Und: Selbstverständlich ist eine angemessene situative Affektkontrolle Bestandteil unserer Kompetenz und Expertise.

Denn wie wir mittlerweile durch die Hirnforschung wissen, gibt es so oder so keine Kognition ohne Emotion und keine Emotion ohne Kognition.[31] Das trifft auch, entgegen anderslautenden Vermutungen, auf das Innenleben von Coachs und sogar auf das von Therapeuten zu. Und diese sollten im Umgang damit ihren eigenen Klienten immerhin eine Nasenspitze voraus sein. In dem Maße, in dem ich mich und meine eigenen Verführbarkeiten, Fallstricke und »rote Knöpfe« kenne, lässt es sich mit den Polen Kognition und Emotion vortrefflich spielen. Das ist das »Spielbewusstsein« bei den Schauspielenden: mit Genuss und gleichermaßen verantwortungsvoll sich mal mehr in die Kurve der Einfühlung legen, mal mehr in die der kognitiven Reflexion. Es ist eine Annäherungsbewegung, durch deren Schwünge die Erkundung möglich wird, wie mit der eigenen Erfahrung und gerade gültigen Realitätskonstruktion sich die Erlebniswelt der Coacheeperson am besten erschließen lässt. So entsteht langsam und vorsichtig eine Brücke in das fremde Land. Auch im professionellen Interagieren haben wir ja nichts anderes zur Verfügung als die eigenen Gedanken, Bilder und Gefühle, um zu beschreiben, zu erklären und einzuordnen, was wir wahrnehmen – und daraus letztlich eine interventionsleitende Idee zu entwickeln.

---

31 Die interdependente Dynamik von Fühlen und Denken hat Luc Ciompi zum zentralen Gegenstand seiner Theorie gemacht, welcher er den programmatischen Titel »Affektlogik« verliehen hat (Ciompi 1998) – ein Begriff, der schon eine gewisse Integrationskraft in sich trägt.

Allein aus diesem Grund empfiehlt es sich bereits, so sorgsam und verantwortungsvoll wie möglich damit umzugehen.

5.4 Brille Psychoanalyse: Gegenübertragung

Die Psychoanalytiker lösten das Problem mit den Gefühlen ursprünglich auf ganz aparte Weise. Sie haben schon früh bemerkt, dass auch der praktizierende Analytiker mitunter solche hat. Schon Freud bemerkte das an sich selbst. Nun sollte aber der Analytiker analytisch sein, strikt neutral und abstinent, erhaben über alle niederen Reflexe der Seele. Eigene Gefühle waren da nicht vorgesehen. Da sie nun aber unabweisbar da waren, mussten sie auch erklärt werden. Die aus diesem Dilemma entstandene Erklärung ist wohl so was wie ein Geniestreich der Psychotherapiegeschichte. Sie lautet folgendermaßen: Die Gefühle des Analytikers sind eigentlich gar keine eigenen, sondern nur eine Spiegelung, sozusagen das Echo der Gefühle des Analysanden. Voilà.

Die dem zugrunde liegende Denkfigur ist eine einfache lineare Kausalkette: Der Analysand entwickelt dem Analytiker gegenüber Gefühle, indem er Vorerfahrungen mit anderen Personen auf ihn »überträgt«, und der Analytiker seinerseits beantwortet diese Gefühle ganz unwillkürlich. In welcher Form, und ob das ein störender oder am Ende doch ein gedeihlicher Vorgang ist, darüber gab und gibt es unterschiedliche Lehrmeinungen.[32] Die Sache bekam auch einen Namen: »Gegenübertragung«. Darin klingt der reaktive Charakter deutlich an: Es handelt sich um eine Entsprechung, eine Spiegelung, einen Widerschein. Die verursachende Person in diesem Narrativ ist auf alle Fälle der Patient.

Nun ist, wie wir wissen, jedes Interaktionsgeschehen – und damit auch die darin entstehende emotionale Dynamik –, ein zirkuläres Geschehen. Jede Aktion zeitigt eine Reaktion, jede Reaktion ist wieder eine Aktion, die eine Reaktion zeitigt – da capo ad infinitum. Festzustellen, wer damit angefangen hat, ist eine ausgesprochen törichte Bemühung. So läge hier zumindest die Frage auf der Hand: Wie hat der Analytiker die »ursächliche« Übertragung des Analysanden denn

32 Eine Zeitenwende wurde hier Mitte des vergangenen Jahrhunderts namentlich durch Paula Heimann eingeleitet. Ihre wegweisenden Vorträge und Aufsätze finden sich in dem Sammelband Heimann (2016).

seinerseits eingeladen? Und worauf war das wieder eine Antwort? Die Rahmung der Analytikergefühle als kausale Antwort auf diejenigen seines Analysanden ist also nicht hilfreich – zumindest aber zu kurz gesprungen.[33]

Erst wenn das Gegenübertragungskonzept vor dem Hintergrund der systemischen Interdependenzannahme gelesen wird, wird es für unsere Arbeit nutzbar. Dazu gilt es zunächst, den Begriff der Gegenübertragung auf die Gesamtheit aller eigenen affektiven Reaktionen und unbewussten Handlungsmotive gegenüber der Coacheeperson zu beziehen. Es kann als eine verlässliche Sehhilfe bei der Einordnung und Verarbeitung von Gefühlen im Coachinggeschehen dienen. In jeder Begegnung entsteht ein tänzerisches Gleichgewicht mit vielen speziellen Figuren von Geben, Aufnehmen, Verwandeln und Beantworten. Wenn alles so ist, wie es sein sollte, dann hat mein Gegenüber Kontakt zu meinem Empfinden, so wie ich Kontakt zu seinem oder ihrem Empfinden habe. Da kann es auch mal passieren, dass die eigenen Gefühle versehentlich bei meinem Gegenüber landen, und dessen Gefühle bei mir. Dann wird's tatsächlich interessant.

Was ein wenig Orientierung schaffen kann, ist das Wissen um die menschliche Neigung, in sozialen Situationen bekannte Interaktionsmuster zu etablieren, Spielzüge anzubringen, die aufgrund von Vorerfahrungen verlässlich scheinen. Es ist also davon auszugehen, dass Coachees sich in der Coachingsituation teilweise ähnlich in Szene setzen, wie sie es aus anderen Situationen ihres Lebens gewohnt sind. Ihr Verhalten und Erleben ist »(…) durch den konservativen Wunsch motiviert, Vertrautes wiederzufinden« (König 2010, S. 29). Das heißt, wir inszenieren uns immer wieder neu entlang eines inneren Skripts – bzw. gemäß unserer vertrauten Realitätskonstruktionen – nach unbewussten alten Mustern. Um mit Goffman zu sprechen: Wir alle spielen Theater[34] – auch und besonders in Beratungssituationen.

33 Nun ist an dieser Stelle anzumerken, dass das Gegenübertragungskonzept seit seiner Entstehung Anfang vorigen Jahrhunderts eine enorme Wandlung durchlaufen hat. Die meisten psychoanalytischen Schulen räumen zumindest einen im Verhalten des Analytikers liegenden »Übertragungsauslöser« ein, und viele Analytiker/innen haben sich längst der Nutzung von Gegenübertragungsgefühlen für den therapeutischen Prozess verschrieben. In der amerikanischen Relationalen Psychoanalyse z. B., die explizit auf Intersubjektivität setzt, hat »*self disclosure*« oder Selbstoffenbarung, also die radikale Preisgabe des eigenen Empfindens, einen zentralen Platz (Ehrenberg 1996). Der populäre Analytiker Irvin D. Yalom (1989), die Galionsfigur dieser Bewegung, machte daraus sein Markenzeichen.

34 Das gleichnamige soziologische Werk ist wohl noch immer unübertroffen, wenn es darum geht, Alltagsinszenierungen sehen und verstehen zu lernen (Goffman 1969).

Von dem mannigfaltigen Nutzen eines solchen Geschehens im Hier-und-Jetzt des Coachings wird noch mehrfach und eingehender die Rede sein. Hier ist zunächst nur die eigene innere Reaktion relevant, denn diese ist oftmals ein Volltreffer im Sinne der für die Coachees vertrauten Vorerfahrungen. Zu prüfen ist also, ob die eigenen Gefühle der Person gegenüber vielleicht im Rahmen der Gegenübertragung von Bedeutung sein könnten. Und wenn es möglich scheint, dass hier gerade etwas »gespielt« wird, was die Person möglicherweise auch aus anderen Zusammenhängen kennt, kann man ihr einen gemeinsamen Blick auf das Geschehen anbieten. Hier ein Beispiel:

Mein Coachee, Enddreißiger, Maßanzug, tadellose Sitzhaltung, hat das Coaching begonnen, da er sich zunehmend »ausgebrannt« fühlt. Diesen Zustand empfindet er selbst als massiv bedrohlich, und seit Kurzem kommt er auch noch in Konflikt mit seiner Chefin. Heute will die Suada über diese Person, die er als »mimosenhaft und führungsschwach« beschreibt und die ihm augenscheinlich misstraue, gar nicht enden. Mir gegenüber sitzt dabei ein Mann, der unübersehbare Zeichen physischer und psychischer Erschöpfung trägt, weswegen ich ernste Sorge um ihn empfinde. Gleichzeitig habe ich den Eindruck, dass er meine Anteilnahme zunehmend zurückweist, indem er immer rigidere Standards der Leistungsfähigkeit auf die Menschen im Allgemeinen und sich selbst im Besonderen anwendet. Ich fühle mich allmählich ziemlich beklommen und ratlos.

Entscheide ich mich nun, mit der Gegenübertragung zu arbeiten, öffnen sich verschiedene mögliche Wege, hier zu intervenieren. Ich wähle gern den folgenden: Ich lade die Person ein, sich – bildlich gesprochen – mit mir zusammen in den Zuschauerraum unseres gemeinsamen Theaters zu setzen und sich das Stück anzuschauen, das wir beide gerade auf der Bühne darbieten. Ich sage dann zum Beispiel: »*Wenn ich uns zwei mal so von außen betrachte – so, als säßen wir auf einer Bühne und spielten ein Stück zusammen –, habe ich den Eindruck, dass es da eine interessante Dynamik gibt: In dem Maße, in dem ich immer besorgter um Ihr Wohlergehen werde, wird Ihr Urteil über sich selbst immer schroffer und erbarmungsloser, und die Ansprüche an Sie selbst werden immer höher. Das macht mich gerade ziemlich ratlos, da ich das Gefühl habe, immer weniger an Sie heranzukommen. Wie sehen Sie das? Teilen Sie meinen Eindruck? Welche Regieanweisung bräuchte ich, um mich Ihnen klüger zu nähern? Was an meiner zunehmenden Sorge ist Ihnen unangenehm? Erinnert Sie diese Szene an etwas, was Sie aus Ihrer Welt kennen?*«

Der Einladung zu einer solchen gemeinsamen Perspektive nachkommen zu können erfordert selbstverständlich ein gewisses Maß an Abstraktions- und Imaginationsvermögen. Erfahrungsgemäß ist diese Vorgehensweise bei sehr kognitiv geprägten Coachees in der Regel eine gute Wahl. Dabei ist die letzte Frage der wichtigste Teil der Intervention. Sie stößt bei dem Gegenüber eine Suchbewegung nach Wiedererkennen an. Dieses Wiedererkennen kann auf der Ebene des inneren Erlebens der Person stattfinden, dann würde sie so etwas äußern wie: *»So ein Gefühl kenn ich von mir selber aus bestimmten Situationen, z. B. gegenüber xy«*, oder es bezieht sich auf die Erinnerung an ein bei anderen Personen wahrgenommenes Verhalten: *»So was Ähnliches hab ich auch schon mal von yz gehört«.*[35] In dem skizzierten Fall brachte der Klient die zum Ausdruck gebrachten Empfindungen mit Äußerungen seiner Chefin in Verbindung. Das machte die Angelegenheit in der Folge bearbeitbar.

Wenn man sich mit den Coachees in den inneren Theatersessel setzt und auf die gemeinsame Bühne schaut, kann man in konzertierter Hinwendung gemeinsam »spinnen«. Das bringt auf alle Fälle frischen Wind in das Interaktionsgeschehen. Allein der gemeinsame Positionswechsel von der Beobachtungsposition erster Ordnung in die zweiter Ordnung ermöglicht eine wesentliche Verflüssigung: Das Narrativ des unverrückbar »Faktischen« wird in eines variabler Kontextabhängigkeit überführt. Voraussetzung einer solchen Intervention ist es, das eigene Erleben als etwas zur Verfügung zu stellen, was für das Gegenüber von Bedeutung sein kann – aber nicht muss.

Gelingt es, den öffnenden, spielerisch-explorativen Aspekt der Intervention zu entfalten, ist die Arbeit mit der Gegenübertragungsannahme eine einzigartige Chance dafür, mit den Gefühlen *beider* Rollenträger nutzbringend umzugehen. Dem Coach eröffnet sie einen Weg, im aufrichtigen Kontakt mit dem Gegenüber die eigenen Unsicherheiten, Zweifel und Blockierungen für den Erkenntnisgewinn im Coaching nutzbar zu machen. Indem ich ausspreche, was mich umtreibt, entlaste ich mich auf eine für den Prozess fruchtbare Weise und befreie mich so aus meiner eigenen »Gegenübertragungsnot«.

35 Für die an der Gegenübertragungstheorie Interessierten: Die erste Variante ließe auf eine *konkordante Gegenübertragung* schließen, das heißt auf eine mit dem Erleben des Gegenübers übereinstimmende emotionale Reaktion der Coachperson, die zweite Variante würde auf eine *komplementäre Gegenübertragung* verweisen, im Sinne einer temporären Identifikation mit einer Bezugsperson aus dem Klientensystem. Für einen umfassenden Überblick über die psychoanalytische Technik sei Racker (2002) empfohlen.

Die Coacheeperson ihrerseits darf sich eingeladen fühlen, meiner Betrachtung zwanglos zu folgen. Sie kann – sozusagen in meinem Windschatten – in Ruhe sich selbst nachspüren.[36]

So löst sich der Knoten in mir, und im gleichen Zuge auch in meinem Gegenüber. Selbstverständlich kann niemand wissen, ob die eigene situative Empfindung überhaupt etwas mit dem Anliegen des Gegenübers zu tun hat. Es gilt sozusagen, auf den Busch zu klopfen, um zu schauen, welcher Hase rausläuft. Und wenn das, was dabei schlussendlich den Erkenntnisgewinn fördert, gar nichts mit Gegenübertragung zu tun hatte – sei's drum!

36 Hier abermals ein kleiner Zusatz für die besonders Methodeninteressierten: Diese Intervention konstruiert eine »positive Zwickmühle«, die so ganz nebenbei den Reflex des Coachees ausgeschaltet, einen Schuldigen für die Störung zu suchen: Er selbst kann nicht schuld sein, da die Coachperson ja gerade ihre Unzulänglichkeit offenbart und damit die Verantwortung auf sich genommen hat. Ihr die Schuld zuzuschieben, geht aber auch nicht, da sie sich so angreifbar gemacht hat, dass eine Schuldzuschreibung unangemessen scheint. Und wo der Reflex der Schuldzuschreibung erst einmal gebannt ist, wird die Bahn für eine entspannte und neugierige Betrachtung der Musterdynamik frei.

6 Verantwortung

Nun sind wir sozusagen in voller Fahrt. Wir haben im fliegenden Wechsel verschiedenste Brillen aufgesetzt, es ging forsch voran durch unterschiedliche Landstriche, und einige verwirrende Kreuzungen und schwierige Wegstrecken liegen bereits hinter uns. Es ist von so viel mentalem und vor allem emotionalem Einsatz die Rede gewesen, dass man schier meinen könnte, in einen Zustand überhitzter Dauerinvolviertheit geraten zu müssen. Nehmen wir also für den Moment etwas Tempo raus und schauen uns an einem Ort um, der zu Kontemplation geradezu einlädt. Betreten wir die ehrwürdigen Hallen der Verantwortung. Werfen wir einen kurzen Blick auf ihre Säulen und Inschriften und erlauben uns einen kleinen Rundgang durch die Katakomben.

Dabei scheint es angemessen, ganz pragmatisch und situativ vorzugehen und da anzufangen, wo es mit dem Engagement als Coach tatsächlich unangenehm werden kann: zum Beispiel, wenn es schwierig wird, in der Freizeit abzuschalten, weil ein Coachingprozess weit über die Grenzen der dafür vorgesehenen Zeiten hinweg die innere Aufmerksamkeit bindet. Meistens geht es dann um Empfindungen, die in der Situation selber nicht bewusst geworden sind, die aber manifeste Nachwirkungen haben: entweder ist es eine ernste Sorge um die Coacheeperson, die mich umtreibt, oder meine eigene Ratlosigkeit peinigt mich. Beides mündet in der Retrospektive gern in dem nagenden Verdacht, etwas übersehen oder falsch gemacht zu haben. Im schlimmsten Fall endet der innere Countdown in der lähmenden Überzeugung, professionell auf ganzer Linie versagt zu haben.

Danach beginnt sich dann das Grübelkarussell zum jeweiligen »Fall« zu drehen. Die Geschichte der Person geht mir in Erinnerungsfetzen immer wieder durch den Kopf und ans Herz, verbunden mit der Frage, was ich tun soll, wie ich in Zukunft am besten intervenieren soll. Auf diese Weise landet man unversehens in einem veritablen Verantwortungskrampf. Das ist nicht nur unangenehm, sondern auch für alles weitere Handeln im Coaching schwer hinderlich. Was sollte man darüber also wissen? Die Ausgangsthese für die folgenden Überlegungen lautet: In den Coachings, die ich auf diese Weise »mit nach

Hause nehme«, habe ich in der Interaktionssituation nicht genügend auf die Affektabstimmung[37] geachtet. Und das heißt auf jeden Fall, dass ich mich selbst und mein inneres Geschehen zu wenig im Blick gehabt und situationsadäquat reguliert habe.

6.1 Selbstverantwortung

Die Verantwortung einem selbst gegenüber kann gar nicht ernst genug genommen werden. Wem es selbst nicht gut geht, kann der Coacheeperson nicht die Ressourcen zur Verfügung stellen, auf die sie ein Anrecht hat. Wen also das Gefühl ereilt, sich verirrt zu haben und in einem Verantwortungskrampf ratlos am Wegesrand zu hocken, ist aufgerufen, unerschrocken alles aufzubieten, was uns zu Gebote steht, um Gelassenheit und Zuversicht für die gemeinsame Reise wiederzuerlangen. Das mentale Hausmittel-*Reframing* für die Erstversorgung heißt natürlich: *Umwege erhöhen die Ortskenntnis.*[38] Auf Umwegen weitet sich der Blick, sie geben wertvolle Hinweise für die Orientierung. Umwege erlauben einem, sich noch einmal neu und frisch darüber zu verständigen, wie man reisen möchte, wie schnell und wohin. Ja, vielleicht hat sich sogar überhaupt ein neues Ziel ergeben? Oder es ist eine neue Art der Fortbewegung möglich geworden? Vielleicht lag im Gestrüpp am Wegesrand ganz zufällig der verlorene Schlüssel? Wir könnten an dieser Stelle sicher noch findig weiterspinnen. Und es wäre allemal gut, das im gegebenen Fall zu tun. Alle bekannten ressourcenorientierten *Reframings*, die gemeinhin den Coachees angeboten werden, sind hier gefragt – seltsamerweise kommt uns die Ressourcenorientierung nämlich oft abhanden, wenn es um uns selber geht.

Wenn das aber alles nicht fruchtet und das Coachgemüt allzu sehr nach Kasteiung verlangt, scheint es von Zeit zu Zeit durchaus geziemend und heilsam zu sein, dass man die Richtung der Befragung wechselt und sich selbst einmal nach Herzenslust kritisch betrachtet. Wie gesagt: Die tückischsten Fußangeln sind immer die,

---

37 (von Schlippe u. Schweitzer 2002, S. 271). Die Autoren schlagen vor, das Konzept der »Affektabstimmung«, das aus der Säuglingsforschung kommt, auch auf erwachsene Beziehungen auszuweiten, wie z. B. die zwischen Beratenden und Klienten. Weiterführend hierzu sei Welter-Enderlin und Hildenbrand (1998, S. 213 ff.) empfohlen.

38 Ein Bonmot, das meine eigene Kindheit durchzog, immer wieder fröhlich rezitiert von meiner sich zugegebenermaßen oft verirrenden Mutter. Ich hielt es selbstverständlich für ihre ganz persönlich-mütterliche Erfindung. Mit Verwunderung und Vergnügen habe ich Jahrzehnte später sein Wiederauftauchen im systemischen Kontext registriert.

die ich mir selber lege. Um diesem Aufmerksamkeitsfokus Raum zu geben, ist es allerdings von großer Wichtigkeit, in den Modus der »anteilnehmenden Beobachtung« zu schalten. Das bedeutet, sich selbst mit einem interessierten, achtungsvollen und freundlichen Forschergeist zu explorieren. Denn das, was da zutage gefördert werden könnte, hat in der Regel Selbstabwertungen und Schuldgefühle im Gepäck.

Nun geht es also darum, sich unbewusste Motive für das eigene Handeln bewusst zu machen. Dazu gilt es, sich noch einmal in die Sequenzen hineinzuversetzen, in denen vermeintlich etwas schief gegangen ist. Die Fragen dazu sind ganz schlicht die folgenden: Worum ging es mir dabei? Was trieb mich an? Was war in dem Moment mein Wunsch, mein Bedürfnis? Was hat mir gefehlt, was brauchte ich? Und vor allem: Was wollte ich in meinem Gegenüber bewirken, um das zu bekommen, was ich brauchte?

Es lassen sich ungemein viele unbewusste Motive finden, die mich zu meinem Tun oder meinem Lassen geführt haben könnten. Darüber wird zwar selten gesprochen, ihre Existenz und Wirkmächtigkeit steht jedoch außer Zweifel. Es lohnt sich also, mal tief Luft zu holen und beherzt hinzuschauen, was da so im Angebot ist. Was könnten wir denn alles unbewusst wollen? Hier nur ein paar Varianten:

Kontrolle

- der Coacheeperson unbedingt beibringen, wie's geht
- unmissverständlich klarmachen, wer hier die Hoheit über die Situation und ihre Verkehrsregeln hat
- unbedingt herauskriegen, was mein Gegenüber vor mir verbergen will
- das Ruder in eine von mir als richtig empfundene Richtung rumreißen

Selbstbestätigung

- die Coacheeperson mit meinen Interventionen beeindrucken
- zeigen, wie gut, tief und genau ich sie verstanden habe – vielleicht besser als sie sich selber
- für meine kluge Weitsicht und mein unaufdringliches Engagement Anerkennung bekommen
- hören, wie wichtig ich auch außerhalb der Sitzungen für sie bin
- von ihr als attraktiver Mann/attraktive Frau gesehen werden

Rivalität

- beweisen, dass ich nach schlechten Vorerfahrungen meines Gegenübers als Coach der absolute Bringer bin
- die eigene, z. B. intellektuelle, Überlegenheit ins Spiel bringen
- zeigen, dass ich in der Liga, in der die Coacheeperson im gesellschaftlichen Leben spielt, durchaus mitspielen kann
- spürbar machen, dass ich eine überragende Feldkenntnis in dem Berufsfeld meines Gegenübers habe

Angst

- mir die Coacheeperson vom Leib halten, da ich mich ihr zu ähnlich fühle
- ihr nicht auf den Pelz rücken, weil sie ein »hohes Tier« ist – eine mit viel Macht ausgestattete Person
- sie mit Samthandschuhen anfassen, weil sie sonst explodieren und mich angreifen könnte
- etwas, was mir wichtig erscheint, unterdrücken, weil ich ihr gegenüber nicht das Gesicht verlieren möchte
- den Erfolg meiner Bemühungen sehen, damit ich nicht an meiner Existenzberechtigung zweifle

Retterspiele

- die Coacheeperson mit Liebe nähren
- ihr die Last der niederschmetternden Einsicht abnehmen
- ihr die Sicherheit geben, immer für sie da zu sein
- das Meer der Probleme für sie teilen, um sie sicher ins gelobte Land der Lösung führen zu können

Aggression

- die Coacheeperson in ihre Schranken weisen
- sie mit der Nase auf den blinden Fleck stoßen
- sie von ihrem hohen Ross herunterholen
- ihr mit meiner messerscharfen Erkenntnis zusetzen
- sie mit exzellenter Rhetorik schachmatt setzen

Diese »schwarze Liste der selbstsüchtigen Motive« könnte man mit Leichtigkeit noch verlängern. Sie kommt auf den ersten Blick wie das Zentralregister professioneller Todsünden daher, gleichsam das

Tor zur Coaching-Hölle. Und entsprechend besteht unsere Reaktion verständlicherweise in Abwehr und Verdrängung. Die aufgeführten Impulse jedoch sind kein Ausdruck professioneller Verwahrlosung und menschlicher Verantwortungslosigkeit, es sind ganz alltägliche, weitverbreitete und unwillkürliche Handlungsmotive. Selbstverständlich kommen sie auch in professionellen Interaktionssituationen auf. Wie ein ungebetener und ziemlich durchsetzungsstarker Gast sind sie plötzlich einfach da. Wenn man einen solchen Gast ignoriert, kann die Party ganz schnell kippen. So ist es auch im Coaching wenig empfehlenswert, die beschriebenen Impulse und die daraus entstandenen eigenen Handlungen einfach auszublenden. Auf jeden Fall muss man mit deren Auswirkungen leben.

In diesem Sinne halte ich es für durchaus vertretbar, zunächst einmal in einer ordentlichen Gewissensprüfung das eigene Sündenregister in den Blick zu nehmen. Die Beichtstühle in unseren ehrwürdigen Mauern können getrost ausprobiert werden. Es soll einem dort ja so etwas Wunderbares wie Absolution zuteilwerden können. Das wäre schon mal eine gute Basis für alles Weitere. Wer hingegen in der Tradition des christlichen Abendlandes die siebenschwänzige Katze zur Selbstgeißelung schwingt, gewinnt nichts – außer einer schalen Genugtuung vielleicht. Es gilt vielmehr, sich daran zu erinnern, dass die den aufgeführten Impulsen zugrunde liegenden Wünsche, Bedürfnisse und Gefühle zur affektiven Grundausstattung unserer Gattung gehören und unsere ständigen Begleiter sind. Ohne sie könnten wir gar nicht miteinander in Kontakt kommen. Dass wir Ausdruckformen dafür gefunden haben, die alltagskompatibel sind und einem gedeihlichen Miteinander nicht maßgeblich zuwiderlaufen, ist die Kulturleistung des Menschengeschlechts.

So ist es die Aufgabe jedes der Selbststeuerung kundigen Coachs, den vermeintlichen Frevel liebevoll in einen willkommenen Hinweis umzudeuten – als dezente Erinnerung, sich um die Affektabstimmung zu kümmern, letztendlich um sich selbst. Diese Haltung muss man erst einmal aufsuchen, um eine neue Geschichte daraus zu machen. Es gilt zu verstehen, was da los war, es gilt, sich selbst und die Kapriolen des eigenen Tuns mit einem erlaubenden, heiteren Blick anschauen zu können. Leichtes amüsiertes Kopfschütteln sei erlaubt. Wem diese Umdeutung in eigener Sache Mühe macht, wird auch in der Klientenarbeit mit demjenigen Vorgehen große Schwierigkeiten haben, welches den Kern aller systemischen Interventionen ausmacht:

die Dinge in einem anderen Licht zu sehen, sie in einen anderen, kraftspendenden Bedeutungskontext zu stellen. In dieser inneren Arbeit, dieser Transformationsleistung, liegt die Verantwortung sich selbst gegenüber.

6.2 Fremdverantwortung

Sollte es mir gelungen sein, mit mir selbst wieder Frieden zu schließen, ist der größte Teil der Aufgabe, Stroh zu Gold zu spinnen, schon geschafft. Was jetzt noch fehlt, ist der Blick auf die Coacheeperson und ein ihr gegenüber verantwortliches Verhalten in der nächsten Coachingsitzung. Was spricht dagegen – gemäß der Arbeit mit Übertragungsphänomenen –, in der nächsten Sitzung einen mit Bedacht gewählten Ausschnitt der Selbsterkundungsergebnisse offenzulegen und die entsprechenden Sequenzen noch einmal gemeinsam zu betrachten? In der Regel lassen sich daraus eine Menge spannender Hypothesen generieren, die für die Weiterarbeit sehr fruchtbar sein können. So verstanden ist jegliche Erfahrung des vermeintlichen Scheiterns ein kostbares Gut, das sich im Coachingprozess nutzen lässt. Man könnte es wie ein Recyclingverfahren sehen: Es geht darum, etwas, das aus der Kommunikation entsorgt wurde, in einer verwandelten Form dieser wieder zuzuführen, indem es besprechbar gemacht wird. Also kommunizieren statt exkommunizieren – so viel zum Thema Sünde.

Die Sache mit der Verantwortung ist ja ohnehin eine Gretchenfrage unserer Zunft. Was heißt denn eigentlich »Verantwortung« in einem Arbeitsansatz, der konsequent Eigenverantwortung auf Klientenseite vorsieht? Selbstverständlich gibt es klare Auskünfte über die Verantwortungsrelationen in den Lehrbüchern: Die Coachees haben die Themen- und Ergebnisverantwortung, die Coachs die Verantwortung für Methoden und Prozesse. Von Verantwortung für eine Person ist also weit und breit keine Spur. Dennoch geschieht es dann und wann, dass wir eine Verantwortung spüren, die sich auf die Person unserer Coachees und ihre Geschicke insgesamt bezieht.

Was heißt es eigentlich, Verantwortung für jemanden zu spüren? Ist es Verantwortung, wenn ich das Gefühl habe, das Wohlergehen eines anderen liege in meiner Hand? Auf jeden Fall ist doch in einer solchen Situation der unwillkürliche Impuls wirksam, der Person helfen zu wollen, ihr beizustehen, sie zu schützen und zu fördern, wo es nur möglich ist. Und genauso laufen auch gegebenenfalls die Gedankenschleifen in der Beschäftigung mit dem Fall im häuslichen Schlafzimmer: Ich mache mir Sorgen um die Coacheeperson und grüble darüber nach, wie ich ihr am besten *helfen* kann.

Wenn das geschieht, ist die Falle leider schon zugeschnappt, zumindest aber der Köder geschluckt. Hilfe geben und nehmen ist in Bezug auf die damit verbundene Interaktionsdynamik eine äußerst heikle Angelegenheit. Es empfiehlt sich in diesem Sinne dringend, die interaktionellen Risiken und Nebenwirkungen einer Hilfeleistung zu beachten. Folgende Überlegung hätte dabei einen guten Auftritt verdient: Den Impuls zu haben, dass man einer Person helfen will, setzt voraus, ihr Hilfsbedürftigkeit zuzuschreiben; sich selbst als eine Person zu entwerfen, die etwas kann oder hat, was dem Gegenüber fehlt: Ich habe die Ressourcen, mein Gegenüber hat das komplementäre Defizit. Fähigkeit trifft auf Unfähigkeit, Vermögen auf Unvermögen. Indem ich jemandem helfe, werde ich groß und mein Gegenüber klein. Ich werde zum Retter, mein Gegenüber zum Opfer. Dies ist die immanente Beziehungsbotschaft der Hilfestellung. Jede Interaktion dieser Art transportiert also wie ein trojanisches Pferd in kleineren oder größeren Dosen eine Depotenzierung des Hilfeempfängers.

Selbstverständlich gibt es Situationen der Not, in denen jemand unbestritten dringend Hilfe braucht, weil er zu einer gewünschten oder im schlimmsten Fall rettenden Handlung selbst nicht in der Lage ist. In jedweder Unfallsituation oder bei Bedrohung von Leib und Leben ist das augenfällig: Hier sind wir in der Pflicht, ohne Zögern alles zu tun, was wir können, um zu helfen – die Opfer sind auf uns angewiesen. Aber schon, wenn es darum geht, einem behinderten Menschen z. B. im Straßenverkehr Hilfe anzubieten, wird es kritisch. Hier zeigt sich oft jäh der doppelte Boden der kommunikativen Botschaft: Die behinderte Person winkt genervt ab – und reagiert damit auf die implizite Zuschreibung der Bedürftigkeit, Schwäche und Hilflosigkeit. Ähnlich sensible Reaktionen kann man bei Kindern beobachten, die auf dem Weg zu mehr Selbstständigkeit sind: Die ritualisierten hilfreichen Handgriffe der Eltern werden erbost abgelehnt, die Kinder signalisieren damit, dass sie selbst die Hoheit über ihre Geschicke haben wollen.

Einer Coacheeperson mit dieser bis ins Private wirksamen Energie helfen zu wollen, heißt also, sie als reifen, erwachsenen Menschen partiell zu entmündigen. Das muss keineswegs in jedem Fall unangenehm auffallen. Viele Coachees wollen und provozieren genau das: Verantwortung an jemanden abgeben zu können, der ihnen *hilft*, der ihnen mit einem Wissen und Können beispringt, was sie selbst nicht haben, aber brauchen. Nun ist das Besondere am Coaching als Beratungsform aber das Paradigma der Autonomie. Es geht um Selbstbestimmung in der Handlungssteuerung. Wir sind professionell aufgerufen, diese zu unterstützen und zu fördern. Indem sich die coachende Person innerlich auf die Seite der Hilfeleistung schlägt, leistet sie der Entstehung einer asymmetrischen Beziehung Vorschub. Diese wäre nichts anderes als das Beziehungsverhältnis zwischen Arzt und Patient oder zwischen Finanzberater und Kunde. Der ausgeprägte Hilfeimpuls ist also dazu ausgelegt, beide Rollenträger in einem One-up-one-down-Verhältnis zu vermählen. Allein, sich das zu vergegenwärtigen, könnte schon so manchen »Verantwortungskrampf« lösen helfen.

Sollte das aber noch nicht reichen, ist als nächste mögliche Selbststeuerungsmaßnahme eine kräftige kalte Mentaldusche mit dem »ersten Hauptsatz der Verantwortungsdynamik« von Fritz Simon dringend zu empfehlen. Mit diesem Mantra den Geist zu fluten, hat schon so manchen edlen Retter auf den Boden der – wie immer spröden, aber schlüssigen – systemischen Tatsachen zurückholen können: »Das Maß an Verantwortung in einem Interaktionssystem bleibt konstant. Die Verantwortungsabgabe des einen ist die Verantwortungsübernahme des anderen« (Simon 2004, S. 24) – und umgekehrt.

Das heißt: Wer sich wie oben beschrieben für das Wohl und Wehe des Coachees in der Verantwortung fühlt, nimmt diesem Menschen zwangsläufig und völlig ungefragt Verantwortung weg. So was nennt man in der materiellen Welt Diebstahl – zweifellos ein Übergriff, eine Ermächtigung, von der schleunigst Abstand zu nehmen ist. Unsere Coachees sind erwachsene, gesunde Menschen. Es gibt keinen Grund, sie wie Unfallopfer oder anderweitig Hilfsbedürftige zu behandeln. Wenn wir der Person, deren Geschicke uns auch noch in den privaten Räumen bedrücken, die Verantwortung im Zuge einer veränderten inneren Haltung zu dem »Fall« wieder zurückgeben – das ist eine Selbststeuerungsleistung, für die Coachs fürwahr in der Verantwortung sind.

6.3 Exkurs: Coaching versus Therapie

Wer über Verantwortung im Coaching nachdenkt, kommt gewiss an einer grundsätzlichen Frage nicht vorbei: die Frage nach der Trennlinie zur Therapie. Seit es Coaching gibt, schwelt dieses Thema. Auch das ist eine Haltungsentscheidung: Wessen Anliegen erkenne ich im Erstgespräch als coachingtauglich an, welches hingegen lehne ich ab, weil ich es eigentlich für ein Therapieanliegen halte? Über Unterschiede und Kategorisierung[39] der beiden Unterstützungsangebote wurden bereits zahlreiche Seiten gefüllt und Eröffnungsreden auf Kongressen bestritten, die Fachwelt ist dennoch beständig uneins.

Das eine Lager vertritt die strikte Meinung, dass Coaching und Therapie zwei völlig unterschiedliche Länder sind. Auch, wenn die Landessprache sich in Teilen ähnelt, so liegen doch Ozeane dazwischen, und die Stammesgeschichte der Bevölkerung ist grundverschieden. Das Land der Therapie bietet den Kranken und Siechen Heimat und Heilung, das Land des Coachings beheimatet und unterstützt eine in vollem Saft stehende, gesunde, in Organisationen und Unternehmen arbeitende und nach Erfolg strebende Population. Kultur, Methoden und Ziele unterscheiden sich fundamental. Die Grenzkontrollen sind hart und die Zollbestimmungen streng.

In dem anderen Lager der Fachwelt sieht man keine wesentlichen Unterschiede zwischen Coaching und Therapie – sie werden höchstens als zwei verschiedene Provinzen eines gemeinsamen Landes betrachtet, welches für eine bunt gemischte, aber im Kern robuste Bevölkerung ressourcenorientierte Beratungsangebote bereithält. Da der Krankheitsbegriff als solcher hier mit dem Verweis auf Kontextabhängigkeit und Konstruktivismus negiert wird, müssen auch Methoden, Interventionen und theoretische Modelle in der Unterstützungsarbeit nicht unterschieden werden.[40] Sie werden nur formatgerecht angepasst.

Das Hadern mit der Frage nach einer stimmigen Unterscheidung zwischen dem einen und dem anderen kennen vermutlich alle Berufs-

39 Um sich hier zumindest aus juristischer Sicht Klarheit zu verschaffen, gibt ein kurzer Artikel von Nina Meier (2015) einen Überblick. Weiterführende Lektüre und eine systematische Abgrenzung bietet Rauen (2014).

40 Der systemische Ansatz neigt wohl eher zu dieser Seite. Nicht umsonst wird in Publikationen traditionell »Therapie und Beratung« in einem Atemzug genannt. Coaching geht als eigenes Format in diesem Begriffspaar ohnehin ohne eigene Nennung auf. Einer, der sich zu diesem Verständnis explizit bekennt, ist G. Schmidt (2005) mit seinem hypnosystemischen Ansatz.

kolleginnen und -kollegen.[41] Eine saubere Lösung zu finden scheint quasi ausgeschlossen. In der Theorie erscheint es einfacher als in der Praxis. Hier ist es ganz klar, dass es bei Therapie eher um das System im Individuum geht und im Coaching vorrangig um das Individuum im System. Aber auch hier sind bedeutsame Überschneidungen der Bereiche nicht wegzudefinieren. Spätestens dann, wenn es um einen Coachingauftrag im Bereich der Persönlichkeitsentwicklung geht – und letztlich muss sich ja die Person immer irgendwie entwickeln, wenn sie etwas verändern will –, wird die Trennlinie unscharf. Es kommt ja auch niemand zum Erstgespräch und sagt, ich bin voll depressiv, habe eine Zwangsstörung und leide ansonsten unter Panikzuständen und Wahnvorstellungen. Wenn auch nur eins der Symptome zutrifft, wird die Person, der man vonseiten des Unternehmens ein Coaching bewilligt hat, einen Teufel tun, es dergestalt treuherzig zu offenbaren. Sie wird ganz artig ein paar ordentliche Coachingziele aufsagen – wie zum Beispiel »Resilienzoptimierung« – und viel, womöglich zu viel, Hoffnung in das bevorstehende Coaching setzen. Und wenn sie sich nicht ganz und gar ver-rückt verhält, gibt es oft keinen erkennbaren Anlass dazu, den Auftrag zurückzuweisen.

Wie also hier mit Verantwortung umgehen? Wie ist überhaupt rauszukriegen, welcher verdeckte Auftrag da möglicherweise ins Haus steht? Vielleicht gibt es keine allgemeingültige Antwort. Möglicherweise ist aus den vielen schrägen, wunderbaren, enttäuschenden und erstaunlichen Erfahrungen, die sicherlich alle machen, die in diesem Berufsfeld tätig sind, auch hier nur eines abzuleiten: Alle Entscheidungen wachsen aus einer radikal aufrichtigen inneren Selbstprüfung heraus. Es geht eigentlich immer nur darum, ob ich mir ehrlich zutraue, mit diesem Menschen in seinem eigenen Sinne zieldienlich arbeiten zu können. Unabdingbar ist es mithin, immer deutlich zu machen, dass es für ein belastbares Arbeitsbündnis zweierlei »Ja« braucht: das der Coacheeperson *und* das eigene. Beim Auftreten von amorphem Unbehagen während des Erstgesprächs ist anzuraten, eher keine Coachingvereinbarung zu schließen. In solchen Initialsituationen ist

41 Dass es dabei sinnvoll ist, überhaupt einen Unterschied zu machen, sei hier vorausgesetzt. Wir sind Coachs und keine Psychotherapeuten. Ein Kuriosum ist, dass die den Fachdiskurs systemischer Beratung maßgeblich prägenden Persönlichkeiten der Unterscheidung nicht allzu viel Beachtung schenken. Möglicherweise hat das damit zu tun, dass sie selbst zum großen Teil einen therapeutischen Hintergrund haben, welchen sie in Theorie und Praxis auch ganz selbstverständlich nutzen.

das eigene Unbewusste in der Regel weitaus schneller und klüger als das berufliche Alltagsbewusstsein. Eine absolute diagnostische Sicherheit kann es im systemischen Arbeiten ohnehin nicht geben, ebenso wenig eine allgemeingültige formale Regel. Manchmal erscheint es geraten, Coachingvereinbarungen abzulehnen und therapeutisch arbeitende Kollegen zu empfehlen, manchmal erweist es sich aber auch als durchaus möglich, sich einem Anliegen zu widmen, das auf den ersten Blick den Coachingrahmen eindeutig zu überschreiten scheint. Hier gilt es, sich in besonderer Weise um eine belastbare Auftragsklärung zu bemühen.

Der für mich beeindruckendste Fall dieser Art war eine hochdepressive Führungskraft, die seit Wochen krankgeschrieben war und in einem sichtbaren Zustand fortschreitender Verwahrlosung zu mir kam. Nachdem ich recht rasch, und so schonend wie möglich, darauf hingewiesen habe, dass eine Therapie wohl der weitaus geeignetere Rahmen wäre, holte sie einmal tief Luft und erklärte mir mit fester Stimme, dass sie diese Belehrung selbstverständlich erwartet habe, dass sie bereits sehr therapieerfahren sei und dass sie zu mir gekommen sei, gerade weil ich *keine* Therapie anbiete. Sie wolle »mit einem Profi über ihre beruflichen Themen und Anliegen sprechen«, genau das und sonst nichts. Ich habe mit ihr eine Coachingvereinbarung getroffen, die ich nie bereut habe: Die wesentliche Intervention war wohl, dass ich über alle Sitzungen hinweg einfach konsequent mit dem Teil von ihr gesprochen habe, der mir den Auftrag so klar gegeben hat. Man könnte auch sagen, ich hab sie einfach behandelt, als wäre sie ganz »normal«, also gesund, kräftig und Herrin ihrer Welt. Das wurde sie schließlich auch wieder.

Nichts lässt sich also verallgemeinern. Neben einer Grundinformiertheit über die formalen und juristischen Zusammenhänge sind die einzigen *Leitlinien* diese:

Prüfe dich sorgfältig, ob du einen pragmatischen Kontakt zu dem Anliegen findest und ob du dich mit der Person als Gegenüber in deiner professionellen und persönlichen Kraft fühlst. In dem Moment, in dem du dich vor etwas nicht Benennbarem fürchtest oder – andersherum – sobald dich ein klammheimlicher Retterimpuls befällt, lass die Finger davon. Das gilt auch für die Fälle, in denen sich eine solche Situation erst im Laufe des Prozesses ergibt. Und: Gib der Coacheeperson Auskunft über dein Erleben und die Gründe für deine Entscheidung.

Für all das taugen eine gut ausgebildete Selbstreflexion und ein entsprechendes Verantwortungsgefühl mehr als formal-diagnostisches Standardwissen. Manchmal ist Coaching ja auch nur eine Transitstation: in eine andere Beratungsform hinein, in ein Training, eine Therapie, eine Klinik, eine völlig veränderte Lebens- und Berufssituation. In der Sozialarbeit heißt eine solche Einrichtung »Clearingstelle« – kein schlechter begrifflicher Rahmen für so manche nicht ganz astreine Coachingsituation.

7 Hier und jetzt

Es wird Zeit, wieder zurück ans Tageslicht und an die Luft zu kommen. Wir brauchen nach so viel Zwielicht, Unbewusstem und Unterirdischem mal wieder etwas Evidenz und Unmittelbarkeit. Es hat auf unserer Reise schon viele Plätze gegeben, die mit dieser Qualität aufwarten konnten, nur haben wir sie meist auf dem Weg zu einem anderen Ziel ohne rechte Aufmerksamkeit eilends überquert. Nun aber ist der Moment gekommen zu verweilen. Genau hier und jetzt. Das entsprechende Thema ist ein ziemlich sportliches Thema, eines, das auf eine leichte Weise spannend und herausfordernd ist.

»Was passiert denn gerade hier? Wie ist es jetzt, hier, zwischen Ihnen/zwischen uns, in diesem Moment? Was bewegt Sie gerade mit Blick auf das Geschehen hier? Was, glauben Sie, wird in der geteilten Sicht auf die Dinge ausgeklammert? Was vermieden?« Solche oder ähnliche Fragen fokussieren die Aufmerksamkeit auf die Prozessebene, auf das, was in diesem Moment in diesem Raum in der Gegenwart der Begegnung zwischen uns geschieht. Es geht also um das »Dazwischen«, den unsichtbaren Spannungsraum, in dem sich die Beziehungsgestaltung abspielt: in dem Rollen und Rang ausgehandelt werden, in dem Nähe oder Distanz hergestellt wird, Bindung und Zugehörigkeit entstehen kann. Der Raum also, in dem die Weichen für die Geschichte einer Interaktion gestellt werden.

7.1 In Gruppen

In der Arbeit mit Gruppen ist die Perspektive des Hier-und-Jetzt durch den Einfluss der Gruppendynamik mittlerweile durchaus verbreitet. In Teamcoachings z. B. geht es ja oft um eine Klärung der Arbeitsbeziehungen. Die Grundannahme der Gruppendynamik hierbei lautet: Alles, was nötig ist, um die Systemdynamik zu verstehen, manifestiert sich in der Regel im Hier und Jetzt des Gruppenprozesses. Nichts ist ertragreicher, als den Blick auf die Kommunikation des Moments zu legen.

Es wird allenthalben viel Mühe, Zeit und Geld darauf verwandt, Störungen in Kooperation und Kommunikation von der Vergangenheit aus zu bearbeiten. Da werden weit zurückliegende Situationen unter die Lupe genommen und mit viel Akribie und gutem Willen zu deuten versucht. Dem Volksmund folgend könnte man sich angesichts solcher Bemühungen fragen: »Warum denn in die Ferne schweifen, wenn das Gute liegt so nah?«

Alles, worüber in solchen Teamcoachings gesprochen wird, nimmt im Moment des Darüber-Sprechens doch in Echtzeit Gestalt an – das muss es ja, wenn es sich tatsächlich um Kommunikationsmuster handelt, die sich verfestigt haben und kollektiv wirksam sind. Diese ließen sich mit viel Erkenntnisgewinn gemeinsam betrachten, sobald sie sich im Hier-und-Jetzt zeigen. Und nicht genug damit: Auch der Prozess des gemeinsamen Betrachtens kann schon wieder Gegenstand neuerlicher Betrachtung werden. So lassen sich Erkenntnisse sowohl über die Prozesse selbst generieren, als auch über die Brille, durch die die Prozesse kollektiv betrachtet werden – eine lupenreine Möglichkeit der Beobachtung zweiter Ordnung also.

Die Erfahrung lehrt zudem, dass die Arbeit im Hier-und-Jetzt zum Aufregendsten gehört, was Menschen miteinander teilen können. Jeder Workshop nimmt Fahrt auf, wenn es gelingt, in diesen Prozess einzusteigen. Sofort erhöht sich die Aufmerksamkeit, und die Spannung im Raum wächst spürbar. Es verhält sich damit ähnlich wie mit dem qualitativen Unterschied zwischen einem Live-Erlebnis und dem Anschauen einer Aufzeichnung: Die Aufzeichnung lässt den Ruhepuls kaum ansteigen, das Live-Erlebnis zeitigt eine ganz spezifische Erregung und hat den Zauber des Momentums.

7.2 Im Einzelcoaching

Was für Gruppen gilt, lässt sich in etwas abgewandelter Form auch auf eine Eins-zu-eins-Situation wie im Einzelcoaching übertragen. Coaching ist bei Licht betrachtet eine verhaltensorientierte Lernplattform. In der Regel geht es um konkret beschreibbare Veränderungen im Verhalten, z. B. als Führungskraft. Dazu gibt es jeweils im Hintergrund einen organisationalen Kontext, relevante Szenen und Geschichten, in denen Figuren des Kontextes unterschiedliche Rollen spielen – eine komplexe Interaktionsdynamik im Dort-und-Dann des Klientensystems also, von der die Coachperson nur durch die Berichte der Coachees, also nur aus zweiter Hand, Kenntnis erhält.

In der Regel erkunden wir als Coach diese Hintergründe gewissenhaft und versuchen, die Klienten darin zu unterstützen, ihre Rolle in den Interaktionen sowie deren zugrunde liegende Dynamik innerhalb des systemischen Kontextes zu verstehen. Des Weiteren wird nach Ressourcen, Musterunterbrechungen und zukünftigen guten Lösungen gefahndet. Dabei geht es eigentlich immer um das »Dort-und-dann« – entweder in der Vergangenheit oder in der Zukunft. Daran ist zunächst einmal nichts Anrüchiges. Zumal dann nicht, wenn der Fokus der Erkundung auf dem Eingebundensein in einen organisationalen Kontext und seine spezifische Struktur und Kultur liegt. Hier braucht es den Blick ins Dort-und-Dann des Klientensystems und die Bemühung, dieses aus einer guten Distanz zu beschreiben, zu erklären und einzuordnen.

Eine solche Vorgehensweise lässt sich indes durch eine wichtige Dimension erweitern: die Gegenwart des Handelns – den Blick auf das Hier-und-Jetzt. Die Coacheeperson bringt, wie bereits erwähnt, ihr gelerntes Verhalten in die Interaktion mit, wenn sie den Coachingraum betritt. Zu einem Teil wird dieses Verhalten anders ausfallen als gegenüber Kolleginnen, Chefs oder Mitarbeitenden, da ein Coach ihr in einer anderen Rolle begegnet. Zu einem anderen Teil werden sich aber, wie im Zusammenhang mit der Gegenübertragungsarbeit bereits ausgeführt, bekannte Muster wiederfinden, so wie wir eben alle auf Vertrautes und Gelerntes zurückgreifen, so oft wir können – besonders in neuen und damit Unsicherheit schaffenden Situationen. Neurophysiologisch betrachtet sind die entsprechenden Verhaltensweisen »durch ständige Wiederholung einmal eingeschlagener (…) Strategien der Wahrnehmung, des Fühlens, Denkens und Handeln fest im Gehirn verankert« (Hüther 2005, S. 85). Es haben sich neuronale Netzwerke gebildet, äußerst robuste Bahnungen, die automatisch aktiv werden, sobald sie einem entsprechenden Außenreiz begegnen. Diesen Wiederholungszwang können wir uns im Coaching immer zunutze machen. Wenn in der Begegnung mit der Coacheeperson davon auszugehen ist, dass man auf so manche Verhaltensweise treffen könnte, die zu ihrem Stammrepertoire gehört, was könnte da näher liegen, als sich ihre Eigenart im Hier und Jetzt anzuschauen?

Ich möchte das im Folgenden gern an einem Beispiel aus meiner Coachingpraxis etwas plastischer werden lassen. Es handelt sich um die Begegnung mit einem Mann, den ich in meiner Erinnerung immer leicht feixend den »Raumgestalter« nenne. Hier kommt die Szene:

Ich erwartete an einem Junimorgen den ranghohen Manager eines Dax-Unternehmens als Coachee. Wir hatten bis dato nur telefoniert und uns über die Modalitäten verständigt. Dies sollte also unser erster offizieller Coachingtermin sein. Es klingelt, der Mann kommt die Treppe herauf, betritt meine Praxis und geht, nachdem er mir etwas gehetzt und abwesend die Hand gegeben hat, an mir vorbei quer durch den Raum, nimmt einen der beiden am Fenster stehenden Sessel – dies ist seit Jahren mein Coaching-Setting –, wuchtet ihn hoch, und platziert ihn entschlossen an einer völlig anderen Stelle im Raum. Er sagt: *»So ist es besser. Ich hasse die Sonne.«*, weist mit einer leichten Geste auf den stehengebliebenen Sessel und fügt hinzu: *»Nehmen Sie doch Platz!«*

Natürlich war ich in der Situation fassungslos. Empörung brandete in mir auf. So etwas hatte noch niemand zuvor auch nur ansatzweise gewagt. Ich schaute eine Sekunde wie betäubt auf die mir vertraute Stelle, wo gerade noch der zweite Sessel gestanden hatte, und es fuhr mir jäh durch's Gemüt: Ich muss was tun, und zwar jetzt und hier! Mit dieser Blitzaktion und seinen kurzen Worten hatte dieser Klient alles ausgehebelt, was den sicheren Rahmen meiner Arbeit ausmacht: die Hoheit über das Setting und demzufolge die Gastgerberinnenhoheit, jemandem einen Platz anzubieten. Eindeutiger kann man sich nicht als derjenige in Szene setzen, der auch in dieser Situation der Ranghöhere ist – so war mein Befund. Was also hatte ich für Möglichkeiten?

a) *Ausblendung*: Ich kann die Dreistigkeit elegant übergehen, so tun, als wenn nichts wär, mich in den angebotenen Sessel setzen, und wie gewohnt das Coachinggespräch eröffnen. Was wäre die Folge? Ich kriege kein Bein mehr an Deck, er wird mich gar nicht in meiner Rolle wahrnehmen können und – wahrscheinlich frustriert und um eine weitere Bestätigung seiner inneren Glaubenssätze reicher – von dannen ziehen.

b) *Abmahnung/Belehrung*: Ich kann meiner Empörung Ausdruck verleihen und ihn zurechtweisen – ihm implizit oder explizit klarmachen, dass das aus meiner Sicht ein recht ungehöriges Verhalten ist; ihn darauf hinweisen, dass dies meine Praxis ist, in der ich von meinen Gästen die Einhaltung gewisser Regeln erwarte. Was wäre die Folge? Er wird sich möglicherweise formvollendet *entschuldigen*, was das toxische Thema der Schuld nicht im Mindesten aus der Welt schaffen kann. Er wird sich innerlich vielmehr gegen meine Zurechtweisungen verwahren und mich im Gegenzug aggressiv abwerten und z. B. denken: »Was für eine blöde Zicke, der sollte man grad noch gnadenloser ihr Feng-Shui durcheinanderbringen!« Ich meinerseits bliebe ihm gegenüber ebenso in Abwehrhaltung, wäre ständig auf der Hut vor neuerlichen Übergriffen und würde mich möglicherweise ebenso mit geheimer Abwertung schützen: »Typisch Alpha-Männchen: Kann nicht anders, als erst mal laut brüllen und alles niedertrampeln.«

c) *Kommentar zu der Szene im Sinne einer Hier-und-jetzt-Intervention*: Ich kann mit Humor und Leichtigkeit seine Aktion als etwas rahmen, das Aufschluss über seine vertrauten Verhaltensmuster geben könnte, und ihm dies in einer angemessen achtungsvollen Weise spiegeln. Zum Glück entschied ich mich in Sekundenschnelle für diese dritte Möglichkeit. Ich musste tatsächlich ein wenig schmunzeln und sagte dann: *»Mein lieber Schwan, das hat sich vor Ihnen noch absolut keiner getraut. Sie scheinen es aber drauf zu haben, die Dinge so zu ordnen, wie Sie sie brauchen, und Menschen, eh sie überhaupt Luft holen können, unter ihre Regie zu bringen! Ich glaub, ich muss mich da auf was gefasst machen mit Ihnen.«*

Diese meine Reaktion stellte die gleiche Augenhöhe recht schnell wieder her und führte uns darüber hinaus geradewegs in sein Thema: dass er immer wieder trotz höchster Managementkompetenz die verschiedenen Stakeholder im Unternehmen – auf deren Loyalität er teilweise empfindlich angewiesen ist – verprellt, und nicht versteht, was da eigentlich geschieht. Die Sitzung war und blieb eine außerordentlich intensive, da wir die gesamte Zeit von der Begegnung im Hier und Jetzt gezehrt haben. Er stellte mir viele Fragen zu dem, was als Reaktion auf seine Handlung in mir vorgegangen ist, und begann durch genaue Untersuchung der Interaktionsdynamik dieser Szene auch zu verstehen, was möglicherweise der Hintergrund der Reaktionen vom Typ a) oder b) ist, mit denen er es im Unternehmenskontext ziemlich oft zu tun bekommt – was er durchaus als unbefriedigend und dysfunktional erlebt.

7.3 Mut zum persönlichen Risiko

Die Arbeit im Hier und Jetzt setzt eine gut geschulte Aufmerksamkeit voraus. Es handelt sich um eine ganz spezielle Wahrnehmungsdimension, eine Form der Präsenz, die sehr feine Antennen erfordert, welche erst einmal ausgebildet werden müssen. Diese Antennen sind nur dazu da, alles aufzufangen, was es in der laufenden Gegenwart auf der Prozessebene der Kommunikation zu beobachten gilt: Wie bewegt sich die Coacheeperson? Wohin richtet sie ihre Aufmerksamkeit? Was kommentiert sie, was nicht? Welche Nebenbemerkungen macht sie? Welche Sätze bricht sie ab? Wie drückt sie Unmut aus?

Wie Freude? Wann werden die Beschreibungen holprig, umständlich? Wann kommt alles wohlgeschliffen und flüssig heraus? Welche Redewendungen wiederholen sich? Wie behandelt/kommentiert sich die Person selbst? Zu welchen Beispielen und Metaphern greift sie gern? Wann entsteht eine merkwürdige Spannung im Raum? Worauf reagiert sie mit Rückzug, Spott, Angriff? Wie direkt oder indirekt spricht sie mich an, schaut sie mich an? Wie spiegelt mir die Coacheeperson meine Rolle? Welche Erwartungshaltung an mich schwingt im Subtext ihrer Erzählung mit?

Es läuft also im Hintergrund des offensichtlichen Geschehens eine zweite Erzählspur, die es zu entdecken gilt – wie ein Film im Film. Selbstverständlich ist das *der eigene* Film, er ist *der eigenen* Fantasie entsprungen. Vielleicht ist es auch gar kein *anderer* Film, sondern nur eine weitere Dimension des einen Films. Die Wahrnehmung des Prozessgeschehens im Hier und Jetzt ähnelt dem Effekt einer 3-D-Brille: eine kleine Folie, die, zwischen Leinwand und Augen platziert, der Wahrnehmung eine komplett andere Welt eröffnet. Ein wahrer Quantensprung im Vergleich zu der zweidimensionalen Version des Films. Es ist die dritte Dimension, die den Raum erst plastisch und vollständig macht. In der Wahrnehmung des sozialen Raums ist es nicht anders.

Zunächst ist eine Hier-und-jetzt-Intervention in der Regel eine Irritation. Sie bricht die stille Übereinkunft, den Blick gemeinsam auf eine Sache, ein Problem, ein Vorkommnis irgendwo »da draußen« zu richten. Sie löst sich also aus dem Schulterschluss der gleichen inneren Blickrichtung und wendet sich der anderen Person direkt zu. Ich schaue sie an und lade sie damit ein, mich auch anzuschauen – jetzt und hier. Dies ist ein ausgesprochen delikater Moment. Die Spannung steigt meist spürbar, und es entsteht augenblicklich so etwas wie eine erhöhte Intimität. Ein wichtiger Aspekt der großen alten Kunst, einen intimen Raum zu betreten, besteht nun allerdings darin, eine angemessene Form und den richtigen Moment dafür zu wählen. Denn auch, wenn ich sehr achtsam zu Werke gegangen bin, wenn ich versucht habe, zu horchen, zu tasten, vorsichtig zu schnuppern, wenn ich mich bemüht habe, die Zeichen gut und respektvoll zu lesen – diese Avance kann mir trotz alledem bös auf die Füße fallen. Es gibt keine Möglichkeit auszuschließen, dass mein Gegenüber sie als Übergriff empfindet und mir ruckzuck die Tür vor der Nase zuknallt – menschliche Reaktionen sind niemals berechenbar. Vermutlich ist die Möglichkeit, zurückgewiesen zu werden, bei vielen schon Grund genug, es gar nicht erst zu versuchen. Wir tun und lassen ja so manches, um eine mögliche Kränkung zu vermeiden.

Wer also trotz alledem die Ebene des Hier und Jetzt in die Coachinginteraktion einbeziehen will, wer die Coachees auf diesen Tanzboden führt, beginnt damit ein sehr persönliches Wagnis, zu dem eine recht radikale Bereitschaft gehört: In dieser Art des Umgangs miteinander werde ich mir unweigerlich auch selbst begegnen. Gewissermaßen trete ich vor einen Spiegel, von dem ich, ganz wie im Märchen, noch nicht weiß, was er zeigen wird. Denn die Betrachtung der Vorgänge im Hier und Jetzt macht es notwendig, sich gegenseitig Rückmeldung zu geben. Damit beginnt eine Kultur der persönlichen Offenheit. Es entsteht die immer greifbare Möglichkeit, der jeweils anderen Person zu sagen, wie ihr Interaktionshandeln wahrgenommen wird und welche Wirkungen es bei einem selbst zeitigt. Das heißt, ich werde gelegentlich ganz unmittelbar Aufschluss darüber erhalten, wie das, was ich äußere, wie ich mich verhalte, wie ich gehe, stehe, dreinblicke, denke, formuliere und klinge, bei meinem Gegenüber *ankommt*. Und ich werde auch Aufschluss über mein Erleben geben – darüber, was meine inneren Bewegungen als Antwort auf die Kommunikationen meines Gegenübers sind. Indem wir dies einander mitteilen, können wir die daraus entstandene oder gerade entstehende Dynamik betrachten und aus ihr Hypothesen ableiten.

Diese sehr unmittelbar am situativen Geschehen angebundenen Feedbackschleifen konstituieren eine recht rasante Form der professionellen Begegnung. Sie hat mit einem durchschnittlichen wohltemperierten Coachinggespräch so wenig zu tun wie Kitesurfen mit Tretbootfahren. Sich dem zu stellen heißt, ständig für Unvorhersehbares bereit zu sein, das mich gegebenenfalls aus der Kurve tragen könnte. Es ist der ultimative Abschied von der Illusion der Steuerbarkeit. Jeder, der sich entschließt, im Hier und Jetzt eine Feedbackschleife zu initiieren, wird damit konfrontiert, »dass zwischen Absicht und Wirkung seines Verhaltens ein großer Unterschied besteht. Ja, dass es oft zu paradoxen, d. h. den eigenen Interessen entgegenlaufenden Effekten der eigenen Aktionen kommt« (Königswieser, Wimmer u. Simon 2013, S. 65). Wer als Coach die Möglichkeit fürchtet, einem Bild im Spiegel zu begegnen, das ihn erschrickt und verunsichert, sollte tatsächlich vorsichtig sein. So ist diese Arbeit auch – sozusagen als Kollateralnutzen – ein wertvolles Erfahrungslernen für mich als

Coach. Es gibt keine bessere Möglichkeit fortwährender Selbstüberprüfung als durch Klientenfeedback im laufenden Geschehen. Wie alle unsere Artgenossen lernen wir nur im sozialen Raum, nur durch die Konfrontation mit dem »Du«, nur durch das Feedback der anderen.

Damit sind wir unversehens schon bei unserem nächsten Ziel angelangt. Gleich um die Ecke war es die ganze Zeit schon weithin in Sicht.

8 Feedback

Das smarte neudeutsche Wörtchen *Feedback* ist ein Renner unter den Modebegriffen. Ein wahres Prachtexemplar auf dem Krabbeltisch für Bedeutungsdumping. Auch im Zweierpack mit *Coaching* erhältlich. Die beiden sind die Alleskönner –einfach universal anwendbar, zu jedem Anlass, bei jeder Temperatur, in allen Größen und Ausführungen. Etwas weiter hinten im Sortiment finden sich neben anderen etwas runtergekommenen Begriffen die »Wertschätzung« und »Eigenverantwortung«. Die sind etwas sperriger und teurer, dafür machen sie aber auch mehr her.

Es fällt nicht leicht, mit dieser Verramschung eines Begriffs umzugehen, der einen so intim und kostbar scheinenden Kommunikationsvorgang beschreibt. Das deutsche Äquivalent *Rückmeldung* macht es aber auch nicht besser. Das klingt preußisch-steif, und man landet im schlimmsten Fall bei zusammengeknallten Hacken und »Melde gehorsamst ...!«. Dagegen spricht *Feedback* wenigstens davon, dass es hier um Nahrung geht, also um etwas, das wir alle brauchen. Ein aufrichtiges, gut gesetztes Feedback scheint die wertvollste Intervention auf der Beziehungsebene überhaupt zu sein. Ich gebe damit Aufschluss darüber, was ich wahrnehme, wie ich mein Gegenüber erlebe und was ich als Resonanz darauf empfinde. Unmittelbarer kann eine Äußerung nicht sein. Ich ziehe den Vorhang hoch und gebe den Blick auf meine innere Bühne frei. Das Feedback kann sich dabei ganz direkt auf die Gegenwart der Begegnung beziehen oder retrospektiv auf etwas in der Vergangenheit miteinander Erlebtes.

Bei der Resonanz, von der man auf diese Weise dem Gegenüber Kenntnis gibt, kann es sich natürlich um die verschiedensten Empfindungen handeln. Entscheidend ist, wie das Feedback formuliert und zum Ausdruck gebracht wird. Zu bedenken ist, dass die angesprochene Person alles, was sie hört und sieht, augenblicklich entweder als eher bestätigende oder als eher kritische Botschaft wertet. Diese Unterscheidung passiert unwillkürlich und in Sekundenschnelle. Nun sind Menschen sofort bereit, sich gegen kritische Botschaften zu verschließen, um sich zu schützen. Und bestätigende Botschaften können, wie wir gleich sehen werden, auf andere Weise Schaden anrichten. Es ist also eine delikate Angelegenheit mit einem hohen

Störbarkeitsrisiko und erfordert ein besonders bewusstes Umgehen mit den gewählten Ausdrucksmitteln, zuvorderst – wie sollte es anders sein – mit der eigenen inneren Haltung.

8.1 Komplimente

»Compliments« nennt Steve de Shazer seine Art, der Klientenperson ein positives Feedback auf etwas zu geben, von dem sie berichtet. Sein anerkennender stummer Händedruck ist Legende, ebenso wie das berühmte »Wow!« seiner Partnerin Insoo Kim Berg.

Anerkennung bekommen wir alle gern, gewiss ist positives Feedback in der Coachinginteraktion grundsätzlich eine gute Sache. Nur sind Komplimente als solche kein Feedback im engeren Sinne. Sie kommen eher dem nahe, was wir im Deutschen als »Lob« bezeichnen würden. Hier eine Unterscheidung zu treffen scheint wesentlich. Ein »Wow!«, ein Auf-die-Schulter-Klopfen oder ein anerkennender Händedruck heißt »gut gemacht!«. *Komplimente* werden aus Sicht der Lösungsfokussierten Kurzzeittherapie für eine *gut erfüllte Aufgabe* ausgesprochen. Und in diesem Rahmen sind sie ein Lob. Ein Meister lobt seinen Lehrling, der Lehrer die Schüler, Eltern ihre Kinder. Lob ist Ausdruck einer asymmetrischen Beziehung, es wird quasi von oben nach unten erteilt. Deswegen legt man in der Coachingbeziehung wenig Wert auf Komplimente und viel auf Feedback.

Der Unterschied ist auf der Oberfläche haarfein. Angenommen, eine Coacheeperson ist einen für sie schwierigen Schritt gleich nach der vergangenen Sitzung gegangen. Der Kommentar vonseiten des Coachs könnte z. B. so lauten: *»Das haben Sie einfach fantastisch hingekriegt, Glückwunsch!«* Das wäre ein Kompliment oder Lob. Er könnte aber auch so lauten: *»Ich bin schwer beeindruckt von Ihrem Tempo und freue mich sehr über Ihren Erfolg.«* Das wäre ein Feedback. Die implizite Beziehungsbotschaft macht den Unterschied. Ein Feedback spricht das Gegenüber auf Augenhöhe an. Es bewertet nicht nach allgemeingültigen Standards, sondern gibt lediglich Aufschluss darüber, was ich in Bezug auf das, was die Klientenperson mir berichtet hat, empfinde. Das lässt ihr die Wahl, diese Empfindung als Anerkennung entgegenzunehmen oder sie als unpassend bzw. unverständlich durchzuwinken. Letzteres passiert auch immer wieder. Es könnte im beschriebenen Fall z. B. sein, dass die Person kontert: *»Schnell sein konnte ich immer schon. Das ist nichts, was Sie beeindrucken sollte!«* Nun, dann haben wir ein neues Thema. Und ich habe – bildlich gesprochen – zumindest Klarheit darüber, welches Gemüse in meinem Garten wächst und welches in dem meines Gegenübers. Das ist eine gute Basis für ein Zaungespräch.

8.2 Konfrontation

Positives Feedback geht dennoch gern störungsfrei durch – egal, wie es formuliert ist. Es ist stets angenehm, beim Gegenüber positive Empfindungen auszulösen. Schwieriger wird es, wenn es sich um etwas handelt, was von meinem Gegenüber möglicherweise als schwer verdaulich aufgefasst werden könnte. Spätestens hier sind Fingerspitzengefühl und eine gute Selbststeuerung gefragt.

Vor der Entscheidung über Gestaltung und Platzierung eines »kritischen Feedbacks« sollte man folgende Fragen beantworten:

- Ist mir klar, was ich beobachtet habe und was ich in Bezug darauf empfinde? Und vor allem: Ist meine Affektlage ausreichend stabil, dass ich es in achtungsvolle Worte fassen kann?
- Welche gewünschten Auswirkungen verbinde ich damit? Für mein Gegenüber? Für mich? Für den Prozess? Für die Beziehung?
- Welche Signale meines Gegenübers nehme ich wahr, die darauf hindeuten, dass ausreichend Vertrauen und Bereitschaft besteht?
- Ist es aus meiner Sicht der richtige Zeitpunkt? Passt es in die Dramaturgie der Sitzung/des Prozesses in diesem Moment?

Selbstverständlich kann uns dieser innere »Elchtest« nicht zuverlässig vor Unfällen in der Interaktion bewahren. Gleichzeitig scheint es, dass gerade die Klientel, mit der wir es im Coaching zu tun haben, kritisches Feedback sehr schätzt. Führungskräfte sind es erstaunlich wenig gewohnt, auf respektvolle Weise kritisiert zu werden. Aus dem Unternehmenskontext kennen sie oft nur: vage Andeutungen, Ausweichen, gar keine Reaktion oder Standpauken. Dies gilt übrigens durchaus auch für viele Unternehmen, die sich eine »Feedbackkultur« auf die Fahne geschrieben haben. So ist es für Klienten oft eine gänzlich neue und erfreuliche Erfahrung, ein kritisches Feedback so zu hören, dass sie es gut annehmen können. Darüber hinaus ermöglicht es – verbunden mit einem Methodenkommentar – in vielen Fällen, dass sie über die Kommunikationskultur in dem jeweils relevanten Unternehmensumfeld nutzbringend reflektieren können. Wenn es so läuft, kann nichts mehr passieren – dann brauchen wir die Komfortzone gar nicht erst zu verlassen.

Manchmal ist die Herausforderung allerdings von einem ganz anderen Kaliber, besonders dann, wenn es um etwas sehr Persönliches geht. Je »heikler« sich die Mission anfühlt, desto dringender gilt es, ein Feedback ganz strikt aus dem eigenen Erleben heraus zu formulieren. Folgende kleine Momentaufnahme mag das anschaulich machen:

Vor mir sitzt ein junger Mann. Seine Kleidung ist zeitgemäß, aber nachlässig, seine Haare fettig, die Fingernägel ziemlich ungepflegt, und er strömt einen Körpergeruch aus, der mir schon an der Tür als sehr stechend und unangenehm aufgefallen ist. Er ist in der Forschung tätig, offenbar hoch qualifiziert und mit hervorragender Allgemeinbildung. Er ist Single, spricht elaboriert – hat sich offenbar gut sortiert, bevor er kam – und schaut mir beim Sprechen in die Augen. Er berichtet von einem wiederkehrenden Muster: Er sieht sich immer wieder von Kollegen und Kolleginnen alleingelassen, hat das Gefühl, man rede hinter seinem Rücken über ihn. Die Forschungsaufträge, die man in seine Verantwortung übergibt, nehmen signifikant ab, obwohl er bisher hervorragende Ergebnisse bei jeder Leistungsbewertung vorzuweisen hatte. Bereits zweimal habe er schon bei seinem Institutschef deswegen vorgesprochen – ohne nennenswertes Ergebnis.

Im Moment, so berichtet er, deute alles darauf hin, dass in seinem aktuellen Projekt – das er mit ihm bislang völlig unbekannten Kollegen bearbeitet – alles wieder in bekannter Weise losgeht. Er ist ratlos und möchte von mir Unterstützung bei der Lösung des Rätsels, wieso ihm das seit Jahren immer wieder passiert.

Natürlich kann ich mich mit diesem Klienten jetzt daran machen, nach allen Regeln der Coachingkunst an dem Thema zu arbeiten. Wir können zusammen ein Ziel erarbeiten, seinen organisationalen Kontext noch besser untersuchen, die Interaktionsdynamik in den Blick nehmen, eine Problemaufstellung machen, wir können skalieren, differenzieren, attribuieren, paraphrasieren, hypothetisieren, utilisieren, assoziieren und dissoziieren. Und dabei allenthalben schöne Komplimente einstreuen. Das alles hätte auch hilfreich sein können. Ich kann es aber nicht überprüfen, weil ich all das nicht getan habe. Meine Hypothese war ganz einfach diese: Dem traut sich keiner zu sagen, dass er nach mitteleuropäischen Maßstäben als eine visuelle und olfaktorische Kriegserklärung herumläuft. Niemand kriegt es hin, deswegen mal Tacheles mit ihm zu reden.

So bemaß ich meinen Mut und meine Möglichkeiten, und unterbrach das durch seine Erläuterungen geprägte Gespräch nach ungefähr einem Drittel der für die erste Sitzung zur Verfügung stehenden Zeit mit der Frage, ob ich ihm einfach mal sagen dürfe, wie ich ihn hier und jetzt erlebe – und das etwas drastisch. Er bejahte dies überraschend freudig, was meinem Verdacht Nahrung gab, dass er in einem ziemlich echolosen sozialen Raum lebt, und ich sagte ungefähr Folgendes: *»Seit Sie hier sitzen, habe ich einen inneren Konflikt: Eine Seite von mir nimmt Sie als hoch qualifizierten, klugen und sympathischen Menschen wahr, der hervorragend mit Sprache umgehen kann und sich bewundernswert entschlossen auf den Weg gemacht hat, ein ihn belastendes Problem zu lösen. Diese Seite in mir ist Ihnen enorm zugeneigt. Eine andere Seite in mir ist auf etwas ganz anderes fokussiert. Auf Ihr Äußeres. Sie findet, dass Ihre Haare fettig sind, und ja, Ihre ganze Erscheinung ungepflegt wirkt. Vor allem nimmt sie einen ausgesprochen strengen Geruch wahr. Diese Seite möchte zu Ihnen dringend auf Abstand gehen. Die beiden Seiten streiten sich die ganze Zeit in mir, dummerweise ist die zweite Seite viel lauter als die erste und überblendet meine Sympathie Ihrem Wesen gegenüber zeitweise mit einer körperlichen Abneigung. Ich hoffe, Sie empfinden es nicht als Anmaßung, wenn ich die Hypothese äußere, dass diese meine Wahrnehmungen etwas mit den Reaktionen in Ihrem Umfeld zu tun haben könnten, die Sie verständlicherweise als irritierend und brüskierend empfinden.«*

Es entstand ein Schweigen. Mein Klient hatte die Augen niedergeschlagen, war recht blass um die Nase und wippte nur leicht mit der Fußspitze. Das Schweigen dauerte so lange, dass ich begann, mir Sorgen zu machen, ob ich ihn nicht doch zu sehr beschämt hatte. Die Stille war lastend genug, um in Zweifel zu geraten, ob mein Feedback die richtige Intervention gewesen war. Ich zwang mich jedoch, nichts »hinterherzuschieben« und wartete ab. Schließlich sagte er, ohne mich anzusehen: *»Ich danke Ihnen für Ihre Ehrlichkeit. Sie haben mir sehr geholfen.«* Damit war die Sitzung beendet und mir war schlagartig klar, dass es wahrscheinlich auch keiner weiteren mehr bedurfte. Bei der Verabschiedung sagte er: *»Es ist nicht schön, so was zu hören, glauben Sie mir. Aber ich weiß, dass ich mich in Zeiten, in denen ich fieberhaft an einer Sache dran bin, körperlich sehr vernachlässigen kann. Das werde ich sofort korrigieren.«* Mir war nach dieser Begegnung zugegebenermaßen etwas blümerant. Doch hatte ich das deutliche Gefühl, dass etwas gelungen war. Der Klient schrieb mir einige Wochen später eine Mail mit dem so erfreulichen wie lapidaren Text *»Alles läuft prima jetzt. Wer hätte das gedacht?«*

Dies ist die Habenseite der Vertraulichkeit im Coachingraum: Hier kann eine bewusste und professionell gestaltete Form von Konfrontation stattfinden.[42] Hier ist es viel leichter, Offensichtliches, das vielleicht sogar im sozialen Kontext der Klienten ein Tabu darstellt, als Feedback auszusprechen. Es liegt eine durchaus ehrenwerte Aufgabe darin, einen kommunikativen Part zu übernehmen, den im Klientensystem möglicherweise niemand ungestraft übernehmen kann. Der beschriebene Fall war nur heikler und persönlicher als der Durchschnitt. Coaching bietet – anders als der Businessalltag – die Möglichkeit, dem Mut lebenspraktischer Intelligenz Raum zu geben. Bei einer solchen Gelegenheit wird spürbar, ob der sich öffnende Raum von dem Geist bewohnt wird, den wir eine achtungsvolle Haltung genannt haben.

42 In dem berichteten Fall habe ich mir mit dem »Seitenmodell« nach Gunther Schmidt (2007) geholfen. Dieses Vorgehen ermöglicht es, ein ausbalancierendes Sowohl-als-Auch zu etablieren und federt damit die apodiktische Wucht der kritischen Seite ab.

9 Die Coachperson ist auch eine

Mit dieser sehr persönlichen Szene sind wir ganz unversehens schon weit in ein ziemlich umstrittenes Gebiet unserer Profession vorgedrungen. Die Gegend wird zunehmend unübersichtlicher. Es ist an der Zeit, innezuhalten und sich hier großflächiger umzuschauen. Mit ein wenig Abstand betrachtet lautet die Grundsatzfrage: Wie viel Person »darf« die Coachperson überhaupt zeigen? Dazu gibt es so viele Meinungen wie Coachs. Auch innerhalb der Schulen wird diese Frage sehr unterschiedlich theoretisch beantwortet und praktisch gehandhabt.

Ein kultureller Ursprung für die verbreitete Unsicherheit in Bezug auf die »richtige« persönliche Nähe und Distanz zu den Klienten liegt wohl im Gebot der »Abstinenz« – einem Gebot, welches interessanterweise von vielen psychoanalytischen wie auch systemischen Altvorderen gleichermaßen beherzigt wurde. Es sieht vor, möglichst »neutral« zu sein, das heißt, wenig Persönliches zu zeigen, keine affektive Regung unmittelbar erkennen zu lassen und dem Primat der professionellen Kognition in möglichst gleichbleibender Stimmungslage Raum zu verschaffen. Das ändert sich in Theorie und Praxis zunehmend, hinterlässt uns aber immer noch mit ganz grundsätzlichen Fragen, wenn man denn einen anderen Weg gehen will.

Wie viel abstrakte Rolle ist nötig für einen professionellen Kontakt und wie viel persönliche Erkennbarkeit ist möglich? Gewiss kann die Lösung nicht im entgegengesetzten Extrem zur Abstinenz liegen: einfach »Mensch« zu sein, fernab rollenkonformer Codes und Rituale. Einige Coachs agieren durchaus auf diese Weise, sie gehen mit ihren Coachees wandern oder kegeln und finden es ausgesprochen wünschenswert, als *Kumpel* oder *bester Freund* angesehen zu werden. Sicherlich kann in solchen Interaktionen auch allerlei Erhebendes und Bewegendes geschehen, dennoch entfernt sich diese Beziehungsgestaltung doch sehr von einem Verständnis der professionellen Abgrenzung. Die Leitfrage der Suchbewegung könnte also lauten: Wie lässt sich die Erkennbarkeit als Person in eine angemessene Rollenkontur integrieren?

9.1 Persönliche Offenheit

Eine Abstinenz scheint zumindest insofern noch immer zieldienlich zu sein, als es in dem Verhältnis Coach–coachee um etwas fundamental anderes als eine private Beziehung geht. Es gibt überhaupt keinen Grund, sich mit Coachees über private Geschichten auszutauschen, zwischen den Sitzungen auf Facebook miteinander in Verbindung zu bleiben oder Coachingtermine mit einem Essen im Restaurant zu verbinden. Im Hinblick auf die professionelle Beziehungsgestaltung ist eine klare Grenze zwischen *Privatem* und *Persönlichem* unerlässlich. Wer im Coaching *persönlich* agiert, zeigt sich noch lange nicht *privat*.

Innerhalb dieses eng gesteckten Rahmens könnte Folgendes gelten: Als Person für die Coachees greifbar zu werden macht die Coachingbeziehung belastbarer. Es spricht vieles dafür, dass man hin und wieder ein Beispiel aus dem eigenen Leben und Erleben bemüht oder gelegentlich durchblicken lässt, das, was die Coacheeperson gerade plagt, auch selbst zu kennen – dass mir also z. B. die Hasenfüßigkeit, die Verzagtheit, die Scham, die Fassungslosigkeit über die Unverschämtheiten anderer, die Mutlosigkeit im Umgang mit sich verändernden Strukturen, die ohnmächtige Wut auf mächtige Personen im Umfeld, die Handlungsunfähigkeit in Entscheidungssituationen etc. durchaus auch bekannt sind. Dass ich vor allem die Bestürzung gut kenne, die einen befällt, wenn man wieder und wieder in die alten Muster rutscht. Der Nutzen einer solchen Offenheit hat drei Aspekte:

Erstens wirkt ein solches Bekenntnis der Annahme entgegen, man stünde »über den Dingen« und blicke nun mit mildem Erbarmen auf die Mühseligen und Beladenen. Eine solche Intervention bringt einen auf Augenhöhe und befestigt die Gleichwürdigkeit: Ich werde zu einer Person, die auch eine Geschichte hat. Und nur eine Geschichte gibt Personen ein Gesicht.

Zweitens entsteht hier in abgeschwächter Form ein sozialer Effekt, der sich sonst nur in Gruppen quasi automatisch ergibt: das heilsame Erkennen, mit anderen verbunden zu sein. Dass es anderen genauso gehen kann wie einem selbst, ist für viele Coachees schon eine große Entlastung. So wird aus dem individuellen Problem ein allgemeines, ein aus gutem Grund zu behandelndes Thema.

Drittens lässt das Aussprechen einer ähnlichen Erfahrung die eigene Verbindung mit dem Gegenüber und die gleiche Augenhöhe spüren. Eigene Versagenserlebnisse zu offenbaren macht mir bewusst, dass ich als »Profi« allerhöchstens durch viel Übung eine Nasenlänge voraus bin und dass es vieles gibt, was ich mit meinem Gegenüber teile.

Nun birgt es aber durchaus eine Gefahr, sich auf diese Weise als Person im Coaching einzubringen. Denn: Wo ist die Grenze? Wann wird aus einer professionellen Kommunikation ein Alltagsgespräch, ein persönlicher Austausch? Wann hat das, was wir da miteinander tun, gar nichts mehr mit Coaching gemein? Die Antwort darauf ist relativ einfach. Es gibt eine einzige Richtlinie, die die Grenze klar beschreibt. Sie heißt: *Bringe dich nur dann ins Spiel, wenn du annimmst, dass es für die Coacheeperson zieldienlich ist.*

Der Impuls zu einer persönlichen Einlassung sollte sich also grundsätzlich aus einer Hypothese über ihren Nutzen für den Coachee speisen. Darin liegt die professionelle Interventionssteuerung. Auch hier gilt es, in ständiger Selbstreflexion *vorher* abwägen und unterscheiden zu können, welches Motiv dafür vorliegt, etwas sagen zu wollen. Wie wir wissen, gibt es zahlreiche Motive, die alle etwas mit einem selbst und wenig mit der Coacheeperson zu tun haben.

Ich sollte mir also die Frage beantworten können: Wenn ich dies gleich sage, was will ich dann in meinem Gegenüber bewegen, ermöglichen, in Gang setzen, welchen Impuls möchte ich geben? Welche Auswirkung erhoffe ich mir? Selbstverständlich geht es auch hier um die erwünschten Auswirkungen, nicht um das Tun selbst. Und auch darum, immer wieder zu überprüfen, ob die erwünschten Auswirkungen eintreffen – oder gar etwas ganz anderes, zum Beispiel das Gegenteil. Und auch hier ist es weiterhin wichtig, lernbereit zu sein: Es gilt, ein Sensorium dafür zu entwickeln, wann was passend und unterstützend sein könnte.

Wer sich mit der Hypothesenbildung unsicher fühlt, sollte es lieber sein lassen. Das heißt auch hier: sich erst einmal seiner selbst bewusst sein. In der Sorgfalt dieser Abwägungs- und Entscheidungsprozesse liegt unser Beitrag zu einer gedeihlichen, professionellen Kontaktgestaltung. Eine Coachingbeziehung wird sich immer von einer freundschaftlichen oder kameradschaftlichen Beziehung unterscheiden. Tut sie es nicht, ist etwas schiefgelaufen.

9.2 Methodentransparenz

Coachingmethoden und -interventionen gehören beileibe nicht zu der Art von Geheimwissen, wie es die Heiler und Schamanen früherer Zeiten hüteten. Schließlich kann man in jeder Bahnhofsbuchhandlung kübelweise Bücher über Coaching-Tools kaufen. Gleichwohl gibt es bei manchen Zeitgenossen Erwartungen oder Hoffnungen, die einen Coach irgendwie doch als charismatischen Guru konzeptualisieren. So was kann dem entsprechenden Selbstentwurf natürlich unbemerkt Vorschub leisten. Im laufenden Prozess des Coachings ist die Verführung nicht eben selten spürbar, mit leichter Hand mal ein bisschen zu »zaubern« – um dann den narzisstischen Gewinn des wohlverdienten Bewundertwerdens einzustreichen. Wer sagt, er habe dieses Hochgefühl noch nie gehabt, der ist aus einem seltsamen Holz geschnitzt.

Tatsächlich liegt es nahe, im Coaching so zu intervenieren, dass die Coachees es gar nicht als gesetzte Intervention wahrnehmen. Oft gelingen valide Erkenntnisse und Erfahrungen dann am besten, wenn es in der Interaktion einen harmonischen Fluss gibt, wenn das, was gesprochen und getan wird, mit Leichtigkeit geschieht, vielleicht sogar mit Humor. Wenn »Methodik« und »Instrumente« sich organisch und geschmeidig wie ein paar neue Tanzfiguren in den Rhythmus der Bewegung einfügen. Vieles von dem, was wir geben können, entfaltet seine Wirkung tatsächlich besonders dann, wenn wir damit sozusagen unter dem Radar unseres Gegenübers operieren.[43] Genau darin liegt aber gleichzeitig die Gefahr.

Hier geht es nicht um den Verdacht der Manipulation, denn dazu gehören immer zwei – und zwar in einer Wechselbeziehung. Gleichwohl scheint es dringend geboten, über den Einfluss von Macht und Eitelkeit im eigenen Handeln nachzudenken – eine weitere heikle Aufgabe der Selbstreflexion und Selbststeuerung. Coaching ist eine sehr intime und abgeschirmte Begegnung zweier Menschen. Im Grunde genommen handelt es sich um eine *Blackbox.* In der Regel ist strikte Vertraulichkeit vereinbart. Nichts von dem, was in den vier Wänden des Coachingraumes passiert, soll nach außen dringen – schon gar nicht in den Herkunftskontext der Coachees. So fundamental notwendig eine Vertraulichkeitsvereinbarung ist, so sehr bedarf das solcherart abgeschirmte Interaktionsgeschehen einer ständigen genauen Prüfung.

---

43 Viele Techniken und Interventionen, die die Altvorderen, wie z. B. der wirklich geniale Milton Erickson, in ihrem Schaffen mit großer Virtuosität anwandten (z. B. die Konfusions- und Einstreutechnik in der Tranceinduktion), sind in verschiedene aktuelle Konzepte für Coaching und Therapie eingeflossen und haben bis heute nichts von ihrer Wirksamkeit verloren.

Methodische Transparenz ist ein wirksames Mittel der Prävention. Sie schützt gegen Anflüge von Größenwahn und schafft ein reflexives Gegengewicht zum manchmal sehr engen und persönlichen Miteinander in der Coachinginteraktion. Ohne dessen Leichtigkeit und Geschmeidigkeit zu beschädigen, ist es durchaus möglich, explizit die Motive für das eigene Handelns und Denkens in regelmäßigen Abständen offenzulegen. Die Benennung von interventionsleitenden Ideen ist z. B. ein gutes Vehikel, um einen gesunden Abstand zum Geschehen zurückzugewinnen. Ein solches Vorgehen könnte man mit Fug und Recht im brechtschen Sinne als »V-Effekt« des Coachings bezeichnen: Der »Verfremdungseffekt«, mit dem Brecht seinerzeit eine ganz neue Ära des Theaterverständnisses einläutete, ist ein probates Mittel gegen emotionale Verneblung. Auf der Bühne eingesetzt reißt er uns beim Zuschauen aus dem Versunkensein in wohligem – und deswegen unkritischem – Miterleben heraus und katapultiert uns in eine kühle, reflektierende Außensicht. So liebte es Brecht, auf der Bühne sichtbar zu machen, wie die Schauspieler in ihre Rollen schlüpfen und wieder hinaus. Er wollte, dass die Spieler immer wieder aus den Figuren heraustreten und die Spielanweisungen des Stücktextes für ihre Figur wortgetreu verlesen. Er empfahl, sowohl in den Proben als auch auf der Bühne die Rollen reihum zu tauschen. So baute er in seinen eigenen Stücken immer wieder Handlungsbrüche ein, die einem Metakommentar Raum gaben, der das Geschehen aus einer völlig anderen Perspektive kommentierte, reflektierte und manchmal auch ironisierte.

Ungefähr in diesem Sinne ist es sinnvoll, von Zeit zu Zeit einen Methodenkommentar zu geben oder vielleicht nur die Funktionsweise einer Fragetechnik zu erklären. Es gibt in jeder Coachingsitzung viele Gelegenheiten dazu. Manchmal lässt sich so was ganz beiläufig einpflegen. Ich könnte z. B. nach einer etwas mageren und skeptischen Beantwortung einer im Futur II gestellten Frage sagen: »*Das war eine typische Coachingfrage: Sie sollte dazu anregen, mental probehalber in eine im gewünschten Sinne vollendete Zukunft zu springen. Imagination ist Kraftfutter für unsere Motivation. Beschreiben Sie doch mal, wo Sie gelandet sind, was nehmen Sie um sich herum wahr? Wer ist bei Ihnen? Wie ist Ihr Befinden?*« Und so weiter.

Dies ist nur eine winzige Bemerkung, eine ganz niederschwellige Intervention, die den Kommunikationsfluss nicht stört, vielleicht noch nicht einmal als Metakommentar wahrgenommen wird. Oft hilft sie

Personen mit einer sehr rationalen Denkweise, sich auf analoge Methoden einzulassen. Zumindest setzt sie das deutliche Signal, dass ich mir in die Karten schauen lasse. Und um diese Botschaft geht es. Die Einordnung des eigenen Tuns in ein fachlich-methodisches Konzept wirkt einem möglichen Genialitätsverdacht entgegen: In dem skizzierten Fall macht sie aus meiner »originellen« Frage ein katalogisiertes Instrument – als Bestandteil einer kollektiven Expertise. Ich kann, was solide Coachs eben so können – ganz unabhängig von meiner Person. Hier wird also implizit ein Unterschied markiert: der zwischen Person und Rolle. Ich trete dazu einen kurzen Moment neben mich, wie die brechtschen Spieler auf der Bühne.

Es ist ausgesprochen lohnenswert, solche methodischen Metakommentare als ritualisierten Bestandteil der Coachingkommunikation zu etablieren. Der »V-Effekt« erlaubt es, so etwas wie ein reflexives Augenzwinkern in die Kommunikation einzuführen. Er ist eine vortreffliche Konfluenzprävention und wirkt der persönlichen Idealisierung entgegen. Abgesehen davon, dass aus Idealisierung bekanntermaßen im Handumdrehen Abwertung werden kann, unterstützt der »Coaching-V-Effekt« die Mündigkeit der Coacheeperson. Und er hilft, den eigenen narzisstischen Schweinehund bei Fuß zu halten.

9.3 Person und Rolle

Noch immer vermag niemand so ganz generell zu sagen, worin genau die Rolle des Coachs besteht. Ja, sicher, es geht immer um »begleiten« und »unterstützen«, das aber tun Seelsorger, Fußballtrainer und Stilberater auch. Der Begriff »Coach« ist nicht geschützt – er ist als distinktive Berufsbezeichnung sogar eigentlich unbrauchbar.[44] So können wir uns leider an kein fest gefügtes Rollenbild anlehnen. Innerhalb dieser Unklarheit verschwimmt auch die Grenze zwischen Person und Rolle im Tätigkeitsfeld Coaching. Coachs sind eigentlich immer, wenn sie denn überhaupt öffentlich wahrgenommen werden, eher Einzelpersönlichkeiten denn Vertreter eines Berufs – im Gegensatz z. B. zu den beiden benachbarten Berufsgruppen: den Psychotherapeuten und

44 Über ein professionelles Rollenverständnis ist bereits vieles geschrieben worden. Die Fachverbände ringen hier um eine gemeinsame Sprache und gemeinsame Standards für Qualifikation und Qualität. Noch aber scheinen die Differenzen und Konkurrenzen einer Entwicklung eher im Wege zu stehen, die in ein geteiltes Verständnis und eine klar umrissene und gesamtgesellschaftlich verankerte Berufsbeschreibung münden könnte.

Unternehmensberatern. Deren Vertreter stehen in der Öffentlichkeit als Einzelne eher für die jeweilige gesamte Berufsgruppe. Coachs sind irgendwo dazwischen angesiedelt, in einem berufsständischen Niemandsland. Wenn sie es in den öffentlichen, den medialen Raum schaffen, erscheinen sie meist als singuläre Figuren – immer leicht von Unseriosität umweht, oszillierend zwischen Guru und Scharlatan, so individuell und verschieden, dass die gemeinsame Berufsrolle dahinter kaum noch wahrnehmbar ist. Ein Coach ist ein *Hansdampf in allen Gassen* der Gesellschaft. Einer, der jedem Taxifahrer sagen kann: »Bringen Sie mich irgendwo hin, ich werde überall gebraucht.« Was wir tun, tun wir ohne das Geländer eines klar umrissenen gesellschaftlichen Auftrags.

Das alles ist Fluch und Segen gleichzeitig. Wenn die Rolle so wenig definiert ist, hängt umso mehr davon ab, wie wir sie ausgestalten. Und wenn Wirksamkeit und Erfolg von Coachingprozessen elementar vom Gelingen der Beziehung abhängt, ist damit eines schon gesagt: Die persönliche Art und Weise, in der sich die Coachperson in ihrer Rolle bewegt, ist definitiv von Belang. Jede Rolle, wie genau oder ungenau sie auch immer umrissen ist, wird erst durch die Person, die sie übernimmt, »zum Leben erweckt«. Es ist wieder einmal ähnlich wie bei den Schauspielprofis[45]: Die Art und Weise, wie ein Schauspieler z. B. die Rolle des »Othello« spielt, entscheidet darüber, ob daraus eine würdevolle tragische Figur oder ein erbarmungswürdiges Häufchen Elend wird. Und das ist für die Rezeption der gesamten Geschichte ein maßgeblicher Unterschied. Ob das Ergebnis in die eine oder andere Richtung ausschlägt, darüber entscheidet nicht nur das Handwerk, das technische Können. Die eigentliche Kunst besteht vielmehr darin, sich selbst als Person der Rolle zur Verfügung zu stellen. Eine Rolle spielen heißt nicht nur, sich zu verhüllen, es heißt immer auch, sich zu zeigen. Je unerschrockener, leidenschaftlicher und intelligenter das geschieht, desto spürbarer entsteht Lebendigkeit, Ausstrahlung und Präsenz in der Figurenführung – eine gute Performance also. Wenn wir solch einer exzellenten Leistung beiwohnen, haben wir den Eindruck, die Person auf der Bühne »spielt« den Othello nicht mehr, sie »lebt« ihn,

45 Interessanterweise kommt die gesamte Begrifflichkeit in diesem Sprachfeld tatsächlich aus dem Theater. Die Rolle war ursprünglich die Pergamentrolle, auf der der Text für den Schauspieler stand. Der Begriff »Person« geht auf das lateinische Wort für »Maske« zurück: Persona (von per-sonare: hindurch-sprechen). Beide Begriffe sind also in ihrem originären Bedeutungsradius noch weit entfernt von unserem heutigen Verständnis des »Persönlichen«.

sie »ist« Othello – und doch könnte der Schauspieler jederzeit neben sich treten und aus der Rolle herausschlüpfen.

Den Überlegungen von Wolfgang Looss folgend könnte man es so sehen: Gute Coachs entwickeln ihre Rolle vom »Haben« über das »Können« zum »Sein«.[46] Jeder Übergang von einer Phase in die nächste ist ein veritabler Qualitätsgewinn. Zunächst ist da ein Handwerkskoffer, gefüllt mit allerlei professionellen Tools, mit denen wir etwas machen können. Dabei ist im Sinne des »Habens« der Handwerkskoffer das Zentrum der Rollenidentität. Bei jeder Problemstellung wird sofort nachgeschaut, was der Handwerkskoffer hergibt, es wird ein Plan erstellt, und mithilfe der passenden Instrumente umgesetzt.

Dann verliert der Koffer allmählich an Bedeutung, die Anwendung der Instrumente ist zur Selbstverständlichkeit geworden, sie können virtuos gehandhabt und gewechselt werden. Es geht nun vielmehr um die Qualität der Wirksamkeit. Die Frage lautet: Wie kann ich ganz individuell abgestimmt, und vielleicht auch sehr spontan und kreativ, alles einfließen lassen und verbinden, was ich kann, sodass die gewünschten Prozesse in Gang gesetzt werden. Im Zentrum der Identität steht fürderhin das »Können«.

Später dann verblasst das Gefühl des Könnens und Habens fast völlig – und übrig bleibt nur das »Sein«. Dies ist eigentlich der unscheinbarste Zustand von den dreien, weil auf den ersten Blick gar keine manifeste Kompetenz mehr zu erkennen ist. Die persönliche Anmutung ist eher schlicht, die Kommunikation entfaltet sich unaufgeregt und unaufwendig – und hat doch ein Höchstmaß an Wirksamkeit. Dieses »Sein« verstehe ich als ein ganzheitliches, lebendiges Verkörpern der Rolle, das alles andere, Haben und Können, Wissen und Erfahrung einschließt und als Ganzes doch mehr ist als die Summe seiner Teile.

Diese Entwicklung passiert nicht automatisch, und führt auch nicht zwangsläufig ins Ziel. Sie ist verbunden mit viel Arbeit, Initiative, Eigensinn, Selbstreflexion und -erfahrung. Auf diesem Weg ist sich jede Person in unserem Feld derzeit weitgehend selbst überlassen. Der Weg entsteht sozusagen unter unseren Füßen. Durch das, *was* wir tun und *wie* wir es tun, tragen wir zur Prägung des Rollenbildes bei. Klarere Richtlinien und allgemeingültige Regularien könnten hilfreich sein,

---

46 Wolfgang Looss (2003) hat sich immer wieder zum Thema Identität und Rollenhandeln geäußert. Die hier getroffene Unterscheidung folgt seiner Idee.

sie werden diesen Prozess aber nicht ersetzen. So betrachtet scheint es durchaus von politischem Belang zu sein, wie ich meine Rolle als Coach verstehe, wie ich mein Rollenverständnis kommuniziere und wie ich es als Person handelnd exekutiere – sowohl nach innen, in dem unmittelbaren Kontakt zu den Klienten, als auch nach außen, in der Öffentlichkeit.

Wir könnten die grassierende und hinlänglich beklagte »Coachisierung« so vieler und so unterschiedlicher gesellschaftlicher Funktionen und Bereiche durchaus auch als einen gedeihlichen Rahmen für unseren Beitrag zur gesellschaftlichen Entwicklung deuten. In dieser Entwicklung scheint sich ein Zeitgeist abzubilden, der mit Macht nach anderen Beziehungsverhältnissen in der Arbeitswelt strebt. Das traditionelle Führungsverständnis, das auf Anweisung und Kontrolle aufbaut, hat allmählich ausgedient. Es entspricht nicht mehr den zunehmend volatilen Kontextanforderungen einer globalisierten Organisation, die auf »flüssige« Netzwerkstrukturen mit zahlreichen horizontalen Kooperationsformen aufbaut. Hier könnte professionelles Coaching mit seiner radikalen Fokussierung auf Partnerschaftlichkeit und Selbstbestimmung die Funktion eines ganz speziellen Inkubators übernehmen: einen geschützten Raum, in dessen Klima sich ein achtungsvoller Umgang auf Augenhöhe entfalten kann, und in dem entsprechende Verhaltensweisen erfahren und eingeübt werden. Dies wäre ein Kontext, der das Subjekt, seine Selbststeuerung und Autonomie in den Mittelpunkt stellt, und Menschen auf diese Weise gestärkt in die sich neu formierende Arbeitswelt entlässt. Früher oder später werden auch die Unternehmen und Organisationen, deren Bekenntnis zu den genannten Werten im Moment noch Lippenbekenntnisse sind, hier einen tief greifenden Paradigmenwechsel vollziehen müssen.

In diesem Sinne ist es eine wichtige Perspektive der Selbstreflexion und Selbststeuerung, dessen gewahr zu sein, welchen kulturprägenden Aspekt das eigene Rollenhandeln hat, und diesbezüglich immer wach und kritisch zu bleiben.

10 Konfliktklärung

Szenenwechsel. Wir verlassen die Höhen der Abstraktion und wandern weiter zu einem neuen Abschnitt der belebten Niederungen praktischer Arbeit. Wenn wir uns zurechtgefunden haben und sozusagen ausreichend bewandert sind, rüsten wir uns für eine Bootsfahrt auf rauer See. Hier geht es um Konflikte im Klientensystem, da sollte man sich warm anziehen und gute Navigationsinstrumente an Bord haben. Wir bekommen es im Coaching ja nicht nur mit unseren Coachees und uns selber zu tun – über diese Dynamik haben wir jetzt auch ausreichend nachgedacht. Da sind noch viele weitere Personen im Spiel, die eine entscheidende Rolle innehaben.

Die Welt, die unsere Coachees in den Coachingraum mitbringen, ist in der Regel bevölkert von zahlreichen Menschen, die ihnen im beruflichen und privaten Kontext wichtig sind. Mit diesen werden wir durch die erzählten Geschichten auf sehr unterschiedliche Weise bekannt gemacht. Wenn die Interaktionen für die Coacheeperson befriedigend und reibungslos laufen, ziehen diese Figuren meist nur schemenhaft durch die Szenarien, die unser innerer Film von der erlebten Wirklichkeit unseres Gegenübers entwirft. Wenn sie auftauchen, schauen wir sie kurz freundlich an und beschäftigen uns in der Regel nicht weiter mit ihnen. Plastischer und konkreter wird es in dem Moment, in dem sich im Klientensystem ein Konflikt zusammenbraut. Dann werden die Personen plötzlich sehr plastisch beschrieben. Und wie wir alle haben unsere Coachees in Bezug auf ihre Konfliktpartner die felsenfeste Überzeugung, dass die Ursache allen Übels in deren Wesen begründet liegt. Die sind eben sozusagen wesenhaft schwierig, jähzornig, intrigant, feige, initiativlos, nicht belastbar, beratungsresistent oder ständig in freizeitorientierter Schonhaltung. Mit Pauken und Trompeten treten sie dann auf, die Machtmenschen, Mimosen, Erbsenzähler, Weicheier, Strippenzieher, Speichellecker, Frühstücksdirektoren, Zicken, Lowperformer, Brüllaffen und Vollpfosten – um mal eine Handvoll Figuren aus der Regelbesetzung eines Konfliktskripts zu nennen.

Jetzt wird es spannend, denn eine erfolgreiche Bearbeitung der als konfliktär erlebten Situation hängt nicht unwesentlich davon ab, ob es der Coacheeperson gelingt, sich probehalber »in die Schuhe der anderen« zu stellen. Und davon, ob und wie es im Prozess gelingt, diesen Perspektivwechsel zieldienlich zu begleiten. Wie aber gelange ich mit den Coachees dahin – bei deren felsenfester Überzeugung, es mit bösartigen Kretins zu tun zu haben? Wie kommen wir durch die Wand von Abwertung und Wut hindurch?

Zunächst einmal gilt es zurückzutreten, um das ganze Szenario in den Blick zu bekommen. Konflikte haben mehrere Ebenen und spielen auf unterschiedlichen Bühnen. Wenn der Vorhang aufgeht, sieht es in der Regel so aus, als spiele der Konflikt auf einer sehr persönlichen Bühne. In besonderer Weise gilt dies dann, wenn über die schäbigen Eigen- und Machenschaften der anderen geeifert wird, und es in der Choreografie der Konfliktinteraktionen ziemlich »persönlich« zugeht – also gern unter die Gürtellinie gezielt wird. Die Erfahrung lehrt, dass es in einer solchen Situation geraten ist, ganz genau hinzuschauen, um dem *Trompe-l'Œil,* der optischen Täuschung des Bühnenbilds, auf die Spur zu kommen: Was wie eine sehr persönliche Angelegenheit daherkommt, ist in vielen Fällen ein struktureller Konflikt der Organisation, der in einem interpersonalen Konflikt ihrer Rollenträger seinen Ausdruck findet. Wenn dieser Kontext nicht gesehen wird, ist eine Arbeit an dem interpersonalen Konflikt eine hoch bezahlte Ersatzhandlung, die herzlich wenig zur Lösung der Sache beitragen kann.[47] Gegebenenfalls ist eine strukturelle Intervention eher geraten als eine Arbeit mit den unmittelbar konfliktbeteiligten Personen. Eine Unterscheidung zwischen den beiden Bühnen und ihren jeweiligen Inszenierungen ist als handlungsleitende Hypothese weichenstellend und bleibt in jeder Konfliktarbeit als Hintergrundfolie bedeutsam.

Mehr noch als im Einzelcoaching kommen all diese Überlegungen mit akuter Dringlichkeit in der Arbeit mit anwesenden Konfliktbeteiligten zum Tragen. Sich hier zu bewähren, kommt einem Lackmustest professioneller Coachingkompetenz gleich. Es steht in der Regel viel auf dem Spiel, alle Beteiligten sind auf ihre Weise in Not. Die Wucht der Emotionen, mit der die Menschen in Konfliktsituationen zu kämpfen haben, gleicht einem Naturereignis. Hier schlagen die Wellen hoch, der Wind weht bisweilen in Orkanböen und kann in jedem Moment umschlagen. Viel Erfahrung, eine gute Ausrüstung und eine noch bessere Orientierung sind geradezu überlebenswichtig. In sol-

47 Wer sich von der Vorrangigkeit der organisationalen Dynamik im Konfliktfall überzeugen möchte, ist gut mit Fritz Simon (2010) beraten.

chen Belastungssituationen zeigt sich sozusagen der Aggregatzustand systemischen Denkens. Hier wird deutlich, ob aus dem flüchtigen Stoff des Denkens und Wissens bereits eine handfeste, belastbare und lebendige innere Haltung geworden ist – eine Haltung, die was aushält, sei es in der direkten Begegnung mit den Konfliktparteien, wie in der Mediation, oder in der Begegnung mit abwesenden Dritten, wie im Coaching, und zwar ganz unabhängig von der angewandten Methode.

Im Fachdiskurs zu diesem Thema fällt auf, dass in der Tat immer wieder von einer notwendigen Haltung oder Einstellung des Konfliktcoachs gesprochen wird. Gleichwohl gibt es auch hier zahlreiche Widersprüche. Zum einen wird selbstverständlich darauf hingewiesen, dass es weniger um die Haltung als um die erzielte Wirkung in der Interaktion geht. Zum anderen findet man sich, wenn man sich denn der Haltungsfrage zuwendet, unversehens in einem seltsamen Paradigmenstreit wieder. Die erforderlichen Haltungen werden entweder als »Neutralität« oder als »Allparteilichkeit« beschrieben. Dabei fällt eine bemerkenswerte Unschärfe bei der Definition und Abgrenzung der Begriffe auf. Teilweise werden sie fast synonym gebraucht, teilweise stehen sie für sehr unterschiedliche Konzepte und Lehrmeinungen.[48] Die gängigste Leitdifferenz, die aktuell auszumachen ist, scheint die Reichweite bzw. der Radius der Intervention zu sein. Neutralität wird als die nüchterne, auf die Sachebene bezogene, weniger komplexe Basisausführung konzeptualisiert. Allparteilichkeit hingegen als die »High-End«-Version, die sowohl die Beziehungs- als auch die Sachebene einschließt – die volle Ladung sozusagen.

Wenden wir uns zunächst diesen beiden Begriffen genauer zu. An welche Haltung sollen wir uns also halten? Auf welche Einstellung sollen wir uns einstellen? Was müssen wir aus welcher Perspektive in den Blick nehmen? Welche Brille ist die angemessene?

10.1 Exkurs: Juristerei

Zunächst kommt es darauf an, in welchem Kontext die Brillen Anspruch auf Gültigkeit erheben. Beide Begriffe, Allparteilichkeit und

48 Einen kompakten Einblick in die handwerklichen Standards geben hier Schwing und Fryszer (2007). In Bezug auf eine Gegenüberstellung von Allparteilichkeit und Neutralität sind von Schlippe und Schweitzer (2002) sowie Simon (2004) nach wie vor als richtungsweisend anzusehen. Im Folgenden versuche ich, den bekannten Unterschiedsbildungen aus einer anderen Perspektive noch einmal neu zu begegnen.

Neutralität, haben zum Beispiel im juristischen Sprachgebrauch als grundsätzliche Herangehensweise einen guten und klar umrissenen Platz. Hier ist die Bedeutung auf allen Ebenen recht überschaubar:

- Ein Anwalt ist selbstverständlich *parteilich* für die von ihm in einem Rechtsstreit vertretene Partei. Seine Aufgabe ist es, konsequent für deren Belange einzutreten und ihr so viel Vorteil wie möglich zu verschaffen – unabhängig davon, wie er persönlich das Handeln, das Wertesystem oder die Geisteshaltung des Mandanten beurteilt, oder ob er seiner Darstellung überhaupt glaubt.
- Ein Schlichter (Mediator) im juristischen Umfeld hat demgegenüber *allparteilich* zu sein, als guter Schlichter ist er ein Makler der Interessen aller Beteiligten.
- Bleibt noch der Richter, und der muss in seiner Urteilsfindung natürlich streng *neutral* gegenüber den Parteien sein.

Na also, geht doch! Was ist im juristischen Kontext anders, dass die Zuordnung der Begrifflichkeiten dort so viel einfacher und stimmiger erscheint? Oder anders herum: Warum gerät die Sache in eine Schräglage, wenn man sie in unseren beruflichen Kontext übertragen will?

Die Gerichtsbarkeit und ihre Prozeduren sind an ein festes Regelwerk gebunden: Alles Denken und Handeln bezieht sich in letzter Instanz auf die entsprechenden Gesetze. Darin besteht der unverrückbare Rahmen der Kommunikation. Alles, was getan oder gelassen wird, wird streng reglementiert innerhalb dieses Referenzrahmens beobachtet, erklärt und bewertet. Was gilt, sind die dokumentierten Äußerungen und Handlungen. Feinheiten wie die Art und Weise des Verhaltens – gleichsam die »weichen Faktoren« – treten dadurch in den Hintergrund. Es regiert eine formale Ordnung, nach der sich alle richten müssen. Diese Ordnung macht die Kommunikation einfacher. Sie reduziert Komplexität, wie jede formale Ordnung, bis hin zur Straßenverkehrsordnung.

Im Feld von Coaching und Beratung gibt es diese Straßen und Leitplanken nicht. Hier ist weitaus mehr Kontingenzerfahrung möglich. Wir bewegen uns auf weitem, offenem Feld, müssen die Wege erst suchen oder ebnen, und sind für die Orientierung auf sorgfältiges Spurenlesen angewiesen. So versuchen wir, in der Kommunikation permanent Zeichen zu deuten und unsere Sinne zu schärfen, um die

Codes der anderen zu verstehen. In diesem Tasten und Suchen ist es von übergeordnetem Belang, *wie* sich das Gegenüber verhält. Jede Regung ist in der Interaktion von Bedeutung. Hier haben die »weichen Faktoren« eine Wirkung, hier ist entscheidend, wie die Beziehungsebene die Inhaltsebene bestimmt. Das macht die Sache komplexer und wesentlich störanfälliger. In diesem Sinne sind wir weder der Neutralität verpflichtete Richter, noch sind wir der Allparteilichkeit verpflichtete Schlichter. Wir handeln in ganz anderen Bedeutungsrelationen.

10.2 Neutralität

Als neutrale Haltung gilt, wenn eine Person in einer konfliktären Situation in emotionaler und sachbezogener Distanz zum Gesamtgeschehen für keine der Seiten Partei ergreift. Neutral heißt wörtlich »keins von beiden«. Eine neutrale Haltung ist rational, kühl und unvoreingenommen. Sie widmet sich im Wesentlichen der Evidenz von Fakten. In diesem Sinne wird der Begriff im alltäglichen Leben gebraucht, und es besteht dazu ein schlichter und stabiler Konsens. Niemand hat etwas dagegen einzuwenden, wenn man sagt: »Xy hat sich sehr sachlich und neutral verhalten.« Scheinbar haben alle eine Vorstellung davon, wie das wohl ausgesehen haben mag.

An diesem stillschweigenden Übereinkommen ist so manches bedenklich. Eine These könnte nämlich lauten: Neutralität gibt es überhaupt nicht. So, wie der Begriff »Neutralität« gebraucht wird, macht er uns glauben, dass es am Ende eben doch möglich ist, *nicht zu kommunizieren*[49]. Er insinuiert, man könne mit entsprechender Selbstdisziplin einfach einen störenden Teil aus der Kommunikation tilgen – gerade so, wie man einen Schwamm nimmt und die Tafel wischt. Einfach jeglichen Ausdruck vermeiden. Schlicht sich untersagen, die vertretenen Positionen und Verhaltensweisen der Konfliktparteien unterschiedlich naheliegend, sympathisch, nachvollziehbar oder angemessen zu finden. Und sollte das nicht gut gelingen: sich bloß nichts anmerken lassen!

Um dem zu entgegnen, hier ein kleines Repetitorium von Erkenntnissen, die in diesem Zusammenhang relevant sind:

49 »Man kann nicht *nicht* kommunizieren« ist das erste von fünf Axiomen der Kommunikationstheorie, die Watzlawick, Beavin und Jackson (1969) entwickelt haben. Wenige wissenschaftliche Axiome haben es zu derartiger Verbreitung und Popularität gebracht. Bei jeder Aufzugfahrt mit unbekannten Mitmenschen, die sich alle bemühen, nicht zu kommunizieren, kommt es einem unweigerlich in den Sinn.

- Kognition und Emotion sind hirnphysiologisch untrennbar miteinander verbunden. Jeder Gedanke ist mit einem Gefühl verknüpft, jeder Wahrnehmungsreiz wird in Bruchteilen von Sekunden auf seine emotionale Relevanz hin bewertet und entsprechend gefärbt, bevor er durch kognitive Raster läuft.
- Selbst bei der ausgefeiltesten Bemühung, sich hinter einem Pokerface zu verschanzen, gilt dies: Die innere Einstellung teilt sich auf unbewusste und subtile Weise im eigenen Verhalten mit.[50]
- Das eigene Tun und in gleicher Weise das Lassen – jegliches Verhalten im sozialen Raum also – wird von den Kommunikationspartnern als Botschaft »gelesen« und mit Bedeutung versehen.

Wie also sollte neutrales Verhalten aussehen? Auch mit aller Kontrolle, derer ich mächtig bin, kann ich mich als kommunikationsteilnehmende Person nicht zum Neutrum machen. Es wird im sozialen Raum also immer etwas freigesetzt, was meinem Verhalten Bedeutung zuschreibt. Im allergünstigsten Fall wird jede der anwesenden am Konflikt beteiligten Personen nach Sympathie- und Bestätigungsanzeichen in meinem Verhalten fahnden und die Ausbeute ohne Federlesen zu den eigenen Gunsten verbuchen. Wenn sich das dann wenigstens in der Bilanz die Waage hält, habe ich als vermeintlich Neutralität praktizierende Person Glück gehabt.

Der Versuch, das eigene Verhalten zu »neutralisieren«, scheint also streng genommen ein Ding der Unmöglichkeit zu sein. Man kann durch Vermeidung und Ausschluss von als störend klassifizierten Verhaltensweisen keine »Null« unterm Strich erreichen. Man kann eben doch nicht *nicht kommunizieren.*

Interessant ist in diesem Zusammenhang übrigens, dass die Beschreibungen und Begriffsdefinitionen zu »Neutralität« in den gängigen Nachschlagewerken tatsächlich durch eine beeindruckende Auflistung von Negativkriterien gekennzeichnet sind:

- *un*voreingenommen sein
- sich *nicht* mit der eigenen Meinung auf eine Seite schlagen

50 Die Arbeit mit der »Masque neutre« im Theater zeigt eindrücklich, dass selbst die damit versuchte Neutralisierung des Gesichtsausdrucks nicht von Belang ist: Der Körper und seine Bewegungen erzählen die ganze Geschichte.

- *keine* eigenen Interessen anmelden
- *keine* Unterstützung und Sympathie für eine Partei zeigen
- *keine* Bündnisse eingehen
- sich *nicht* in das vorgefundene Beziehungsgeflecht einmischen[51]

Hier lässt sich doch nach guter alter Sitte fragen: Wenn es das alles *nicht* sein soll, was denn bitteschön *anstatt dessen*? Irgendetwas an Verhalten und entsprechendem Denken und Fühlen, das an die Stelle der ausgeschlossenen Optionen treten sollte, müsste doch beschreibbar sein. Wie also kann ich mich gegenüber den verschiedenen Personen, Positionen und Interessen im Klientensystem verhalten?

Dieser Gedankenfährte folgend liegt es nahe, dass man sich der vorgeschlagenen Alternativlösung und damit dem Schwesterbegriff zuwendet: der Allparteilichkeit. Denn im Gegensatz zur Neutralität, die der Weder-noch-Logik folgt, bietet die Allparteilichkeit ein Konzept, das sich aus der Sowohl-als-auch-Logik heraus erklärt (Simon 2004, S. 32 ff.). Das stimmt doch zunächst hoffnungsvoll.

10.3 Allparteilichkeit

Der Begriff ist ein Fachbegriff aus unserem Feld, er steht nicht im Duden.[52] Eingeführt ist nur der Lehnbegriff »Parteilichkeit«. Parteilich sein heißt, dass ich mich dem Handeln, den Positionen und Interessen einer Konfliktpartei anschließe, weil ich sie richtig finde, weil ich damit einverstanden bin. Deswegen unterstütze ich ihr Bemühen um Einflussnahme und stoße in das gleiche Horn. Parteilich sein heißt Flagge zeigen, seine Meinung sagen, sich persönlich zu etwas bekennen, sich auf eine Seite schlagen, Stellung beziehen. So ungefähr sieht der Bedeutungshorizont im allgemeinen Sprachgebrauch aus.

*All*parteilich sein hieße dementsprechend streng genommen, sich jedem vertretenen Standpunkt auf diese Weise anzudienen, also letztlich mit fliegenden Fahnen von einem zum anderen zu wechseln. Da muss man nicht lange nachdenken, um zu befinden, dass das so ziemlich das Gegenteil unserer Aufgabe in Coaching, Beratung und

51 So hat man es streng genommen dauernd mit dem »Rosa-Elefanten-Effekt« zu tun, wenn man sich vornimmt, neutral zu sein: Das, was dezidiert ausgeschlossen werden soll, nimmt durch die Negation mentale Präsenz an.

52 Das mag daran liegen, dass es genau genommen »Allparteiischkeit« heißen müsste.

Mediation ist. Der Begriff ist ein Notbehelf – und wird es wohl auch bleiben. Die im Lehnbegriff »Parteilichkeit« enthaltene Bindung an ein Bekenntnis, auf welcher Seite man steht, schwingt immer mit, und das sorgt nicht nur in der Theorie, sondern auch und vor allem in der Praxis für Irritationen.

Nun hat sich der Begriff ja als Fachbegriff durchaus seit längerer Zeit etabliert[53] und wurde einer veränderten Bedeutung zugeführt. Was immer dazu heute als Definition kursiert: Es geht im Wesentlichen darum, Aufmerksamkeit und Unterstützung gerecht auf die Konfliktparteien zu verteilen, die Verdienste aller Beteiligten anzuerkennen und ihnen ohne Bevorzugung zu ermöglichen, das eigene Anliegen angemessen zu Gehör zu bringen. Eine allparteiliche Haltung muss also mehr hervorbringen als die Fähigkeit, mit der Identifikation hin und her zu springen. Es wäre doch fatal, wenn der Eindruck entstünde, ich redete allen nach dem Mund. Das könnte bei einer wortwörtlich genommenen Allparteilichkeit leicht passieren und ist genau das, was den Unerfahrenen in diesem Feld oft zustößt. Sie stellen fest, dass sie tatsächlich alle Beteiligten irgendwie verstehen können, bringen dies zum Ausdruck und werden nach innen wie nach außen handlungsunfähig. Ein solches Vorgehen wäre also wahrlich dysfunktional und konzeptlos. Es würde den im System vorhandenen Realitätskonstruktionen, dem Erleben der Konfliktbeteiligten nichts Neues hinzufügen. Aber genau das wäre eigentlich unser Job.

Was es also braucht, ist eine Mitte, einen inneren Ort, an den ich immer wieder zurückkehre, von dem aus ich alles betrachte, eine autonome Perspektive auf die Menschen und deren Geschichten, eine Haltung, die gleichermaßen empathisch-nah und reflektierend-distanziert ist, die einfühlend und gleichwohl in keiner Weise wertend ist. Das Wesentliche an einer Konfliktintervention ist doch nicht, dass alle das Gefühl haben, ich sei auf ihrer Seite. Wenn Menschen, die in Konflikten stecken, jemand »von außen« hinzuziehen, dann brauchen sie eine Sicht auf die Dinge, die sowohl jenseits aller Positionen ist, als auch diese im Ganzen umfängt. Diese komplexe Anforderung bildet der Begriff »Allparteilichkeit« nicht ab, auch wenn er genau das irgendwie zu meinen scheint. So ist es an der Zeit, den vorsichtigen

53 Der Begriff wurde in den 1960er Jahren als Arbeitsbegriff in der Familientherapie von Iván Böszörményi-Nagy eingeführt. Mehr darüber und eine gute Darstellung seines ideengeschichtlichen Kontextes, sowie eine kritische Sichtung weiterer systemischer Begriffe finden sich bei Simon, Clement und Stierlin (2004).

Versuch einer Neudefinition zu unternehmen, eine Lesart zu finden, die gleichzeitig präziser und praxistauglicher ist.

10.4 Ein gangbarer Weg

Wie kann »Allparteilichkeit« von dem Beigeschmack der bekennenden Parteilichkeit befreit werden? Wie kann »Neutralität« etwas anderes sein als die Abwesenheit von etwas?

Bessere Begriffe für die doch so wichtige Grundhaltung in der Konfliktklärung scheint es nicht zu geben. Es sind jedenfalls weit und breit keine in Sicht, die das Zeug haben, den beiden Platzhirschen den Rang abzulaufen. So sollten wir uns in unseren Überlegungen der Viabilität zuwenden. Es geht darum, eine Idee davon zu entwickeln, wie trotz der beschriebenen Stolpersteine ein gangbarer Weg aussehen könnte.

Fangen wir mit der Allparteilichkeit an. Noch einmal: In der offiziellen Lehrbuch-Lesart geht es dabei um die Bereitschaft und Fähigkeit, für alle Beteiligten »gleichermaßen Partei ergreifen zu können, (...) und sich mit beiden Seiten ambivalenter Beziehungen identifizieren zu können« (von Schlippe u. Schweitzer 2002, S. 119). Beide beschreibenden Termini, sowohl »Partei ergreifen« als auch »identifizieren«, haben einen Pferdefuß und sind als interventionsleitende Idee eher bedenklich. Zum ersteren wurde schon einiges gesagt, zum letzteren kommen wir jetzt.

Folgende zentrale Schwierigkeit finden wir doch in einem Konfliktcoaching vor: Alle anwesenden Personen haben bereits eine Zeit des Zerwürfnisses hinter sich. Sie haben allesamt subjektiv Kränkungen erlebt und bereits verschiedene Stadien der Empörung oder Wut durchschritten. Nun sitzen sie mit einem großen ungestillten Hunger da – dem Hunger nach Bestätigung, nach Unterstützung, nach dem Gefühl, endlich »recht zu bekommen«. Das liegt in der Natur der Sache. Die Gefahr also, von ihnen »vereinnahmt« zu werden, ist damit allgegenwärtig. Sobald ich z. B. einfach nur zu erkennen gebe, dass ich der Erzähllogik eines Beitrags durchaus folgen kann – z. B. in Form eines Nickens oder mit einem »hm« –, wird das gern als Bestätigung der jeweiligen Konfliktposition gewertet. Wenn also in einer solchen Ausgangslage die Identifikation zum handlungsleitenden Motiv wird, führt das garantiert in Teufels Küche. Auch aus der noch so rechtschaffenen Absicht des so verstandenen allparteilichen Handelns heraus kann also im Handumdrehen eine Interaktion erwachsen, in der die Coachperson in die maligne Konfliktdynamik des Systems einbezogen wird.

Dass dies die klassische Falle, mithin der GAU in der Konfliktarbeit ist, liegt nicht zuletzt an einem Missverständnis, welches durch die Idee des »Sichidentifizierens« verschleiert wird: die Verwechslung von *verstehen* und *billigen*, von *Verständnis* und *Einverständnis*. Diese Begriffe sind in unserem Sprachgebrauch semantisch so eng miteinander verknüpft, dass dadurch viel Verwirrung in die Welt kommen kann: Wenn ich einer Coacheeperson sage: »Das verstehe ich gut«, ist ziemlich wahrscheinlich, dass das für sie gleichbedeutend ist mit »Das sehe ich auch so« oder »Das finde ich richtig«, was wiederum eine glasklare Parteinahme wäre. Sobald ich also Verständnis äußere, nimmt mein Gegenüber es gern für Einverständnis, um damit einen Punktgewinn für sich einzustreichen. Mit einer solchen Irritation haben wir immer zu rechnen. In allem, was wir im Rahmen der Allparteilichkeit äußern, lauert diese Falle. Wie also könnte ein neuer Weg in der Praxis aussehen? Einer, der alle bisherigen Überlegungen zur inneren Haltung und Kontaktgestaltung beherzigt und gleichzeitig die spezifischen Tücken der Konfliktarbeit in Rechnung zieht?

Die erste Maßnahme müsste sein, hier zwischen »empathischem Verstehen« und »Identifikation« bzw. »Parteilichkeit« zu unterscheiden. Um diesen neuen Blick müssen wir uns allerdings aktiv kümmern, denn es ist davon auszugehen, dass die Klienten dafür zunächst keine Brille besitzen. Und wie immer heißt auch hier die Devise: bei sich selbst anfangen. Zunächst einmal brauche ich selbst eine innere Klarheit. Was passiert mit mir im Kontakt mit den Konfliktparteien? Wie stehe ich zu ihnen? Was ist mir näher, was ferner? Was berührt mich, was nicht? Was löst vielleicht sogar Empörung in mir aus? Was einen Schutzreflex? Wie sehr machen die Spannungen und Energien im Raum mir selbst Angst? Was geht mir auf die Nerven? Welche der am Konflikt beteiligten Personen ist mir spontan sympathisch, welche unsympathisch? Wie sehr meine ich jetzt schon zu wissen, was für die Personen *eigentlich* gut wäre?

Wir sind wieder am gleichen Punkt: Dies alles gilt es, zu beobachten und sich selbst im Rahmen des Möglichen zu erlauben. Nur, wenn ich anerkenne, wie's grad bei mir ist, kann ich es auch im Sinne meines professionellen Auftrags verändern. Nur so kann ich zu einer Veränderung meiner Einstellung gelangen. Es ist doch unsinnig anzunehmen, all diese Regungen gäbe es bei der Person nicht, die gern als die »neutrale Dritte« bezeichnet wird. Neutralität in der Wahrnehmung ist unmöglich. Ich reagiere affektiv auf die Außenreize, ob ich es will oder nicht – und zwar blitzschnell, schneller, als jeglicher kognitive Kontrollversuch es verhindern könnte.[54] Für niemanden ist es einfach, so ein hoch aufgeladenes Konfliktfeld zu betreten. Auch für Profis nicht. Da ist in der Regel jede Menge Energie wirksam, die dazu angetan ist, einen aus dem Lot zu bringen. Ganz besonders dann, wenn ich ein empathiebegabter Mensch bin. Und genau deswegen gilt es in Konflikten in besonderem Maße, die Vorgänge auf der eigenen inneren Bühne im Blick zu behalten und stetig daran zu arbeiten, eine aufrichtig achtungsvolle Haltung allen Beteiligten gegenüber einzunehmen. Denn ein »So-tun-als-ob« ist nutzlos.

Praktisch helfe ich mir oft damit, in Konfliktcoachings mit kleineren Systemen den Anwesenden mitzuteilen, dass ich mich zunächst so lange mit jeder einzelnen Person beschäftige, bis ich – ganz subjektiv – *verstanden* habe, wie es in ihr aussieht, was sie bewegt, was sie braucht und was sie antreibt. Und dass dieses *Verstehen* etwas ganz anderes ist als ein *Einverstandensein*. Dass es mir darum geht, in die Eigenlogik der Person einzusteigen, ihre Geschichte auf meine Weise nachvollziehen zu können, ihre persönliche Wahrheit kennenzulernen – ohne mich auch nur im Geringsten dazu zu positionieren oder mich damit gar zu identifizieren. Das ist für die meisten Menschen neu, denn es liegt quer zu der ihnen geläufigen Unterscheidung zwischen sachlich = neutral und emotional = voreingenommen. Ich bitte die Anwesenden, mich darauf hinzuweisen, wenn sie – aus welchen Gründen auch immer – im Laufe des Geschehens den Verdacht haben, ich bekäme irgendwie Schlagseite. So weit zur Offenlegung meines Tuns.

Entsprechend dieser »Gebrauchsinformation« gehe ich dann vor. Ich beschäftige mich zunächst eingehend mit den einzelnen Personen – so lange, bis ich das Gefühl habe, mich in ihre Narrative eingeschwungen zu haben. Und vor allem so lange, bis ich den Eindruck habe, dass ich mit der jeweiligen persönlichen Not in Kontakt bin. Erst dann, wenn ich diesen Kontakt spüre, erst mit dieser »Seelenberührung«, schließe ich langsam ab, paraphrasiere noch ein letztes Mal und

54 An dieser Stelle geht kein Weg an den ungemein vergnüglichen Ausführungen von Maja Storch (2010) zu den »Würmli-Reaktionen« und ihrer Skizze von den Funktionen des Unbewussten vorbei. Es gibt wenig, was umfassender mit der unangenehmen Erfahrung versöhnen kann, immer wieder von einem selber ausgetrickst zu werden.

wende ich mich der nächsten Person zu. Ich gehe sehr unmittelbar in Resonanz, vermeide aber zu sagen »Das verstehe ich« oder etwa »Das kann ich gut nachvollziehen«. Ich verwende immer wieder die klassische Formel »aus Ihrer Sicht ...« oder »aus Ihrem Erleben heraus ...« und achte lediglich darauf, dass die zur Verfügung stehende Zeit halbwegs gerecht verteilt wird.

Dieses Vorgehen bringt mit sich, dass alle Anwesenden mehrfach Zeuge sehr persönlich geprägter empathischer Erkundungen werden, die sich – und allein das ist für viele schon aufregend und im besten Sinne »verstörend« – signifikant und für alle wahrnehmbar von einer Positionierung oder Parteinahme unterscheiden. Der damit verbundene kulturprägende Einfluss auf das Gesamtsystem erscheint mir als mindestens ebenso bedeutsam wie der unmittelbare Nutzen im Einzelkontakt. Aus diesem Grunde sind auch Einzelgespräche im Vorfeld heikel. Jede Interaktion hat Auswirkung auf das Gesamtsystem – und so halte ich diese Art von »Erstveröffentlichung« für ausgesprochen fruchtbringend.[55]

Im Einzelcoaching gehe ich zunächst ganz ähnlich vor. Um es der Coacheeperson einfacher zu machen, später selbst den Perspektivwechsel zu vollziehen – z. B. durch eine Aufstellung, bei der sie verschiedene Positionen durchläuft –, gebe ich ihr zunächst eine Anregung, indem ich mich in die abwesenden Konfliktpartner »hineindenke« oder auch »-fühle« und versuche, für einen Moment aus der vermuteten inneren Logik dieser Personen heraus in der »Ichform« zu sprechen. Auch hier markiere ich begleitend den Unterschied zwischen *empathischem Verstehen*[56] und der *Billigung* ihres Verhaltens oder ihrer Haltung, und mache das ggf. zum Reflexionsgegenstand. Folgendes Beispiel ist dabei immer hilfreich: Wenn jemand z. B. ein schweres Verbrechen begangen hat, dann besteht die Kunst darin, ihn *sowohl* mit Empathie im Rahmen seiner eigenen inneren Logik verstehen zu können, *als auch,* ihn im Rahmen der Logik des Gemeinwesens für das verurteilen zu können, was er getan hat. Empathisches Nachvollziehen ist unabhängig von Wertung, hebt deren kontextbezogene Notwenigkeit aber nicht auf. Und genau das kann

55 Die Profis unter den Lesenden haben es sicher längst erkannt: Ja, das entspricht in etwa der Phase der »Selbstklärung« im Konzept der Klärungshilfe (Thomann 2006).
56 Da wir nun schon ausreichend lang miteinander gereist sind, erübrigt es sich gewiss zu klären, dass »verstehen« natürlich heißt: aufgrund der eigenen Erfahrungen erahnen, konstruieren, fantasieren. Sich darüber stetig im Klaren zu sein, ist die innere Haltung, die allem Handeln und jedweder Kognition zugrunde liegt.

ich im Coaching vorleben, im besten systemischen Sinne als Anwalt der Ambivalenz.

Dass Allparteilichkeit – auf diese Weise gelebt und verstanden – etwas ganz anderes und viel mehr ist als eine auf alle bezogene Parteilichkeit, muss nun kaum noch gesagt werden. Sie bekommt eine neue Dimension jenseits der Logik von Parteilichkeit. Allparteilichkeit bedeutet dann – bildlich gesprochen – alle Farben des Gemäldes in ihrer Einzigartigkeit in sich aufzunehmen.

Und wenn wir diese Metapher mal spielerisch weiterdenken, öffnet sich nun unversehens ein neuer gedanklicher Korridor zurück zum Schwesterbegriff Neutralität. Ein kleiner magischer Moment aus einer Schulstunde der Kindheit könnte einem dazu in den Sinn kommen: Wenn man sich all die Farben auf einem Kreis vorstellt, und diesen zirkulieren lässt, dann verschwinden ab einer gewissen Drehgeschwindigkeit wie von Geisterhand die Farben und bringen etwas Erstaunliches hervor: eine reinweiße Fläche. Weiß ist die Summe aller Farben und steht symbolisch für Neutralität.

Ein ähnliches Phänomen kann sich in der Konfliktarbeit ergeben: Durch die gleichermaßen empathische Vertiefung in die subjektive Wahrheit jeder einzelnen Person entsteht mit zunehmendem Wechsel der im Fokus stehenden Person etwas Neues im Gesamtsystem. Wie die wundersam auftauchende weiße Fläche auf dem sich drehenden Kreis entsteht im Raum eine für alle spürbare neue Sphäre, ein *Geist* hält Einzug, den man vielleicht behelfsweise als »bezogene Neutralität« bezeichnen könnte.

So verstanden wäre das symbolische Weiß der Neutralität nicht wie im herkömmlichen Verständnis das Ergebnis einer Exklusion – wenn das Unerwünschte also getilgt ist –, sondern das Produkt einer Inklusion, einer Zusammenführung. Nicht Abwesenheit, sondern verdichtete Anwesenheit wäre das Kennzeichen, nicht Vermeidung sondern Tun. Neutralität wäre damit etwas Vitales, Dynamisches, gleichsam im System Emergierendes. Neutralität wäre etwas, das im Prozess der Arbeit mit der neu verstandenen Allparteilichkeit ganz von selbst Gestalt annimmt. Auf diese Weise gelesen lässt es sich gut mit den beiden etwas schrägen Begriffen auskommen.

11 Schluss mit Ethik

Damit kommen wir zur letzten Station unserer Reise. Einige Male schon waren wir in Sichtnähe, sind dann aber immer wieder in eine andere Richtung abgebogen. Das Gebiet, das vor uns liegt, ist weitläufig und ziemlich schwer zugänglich. Allmählich aber wird es Zeit, den Zutritt zu wagen. Im Folgenden möchte ich mich vorsichtig an ein ethisches Verständnis systemischer Handlungskompetenz annähern. Mag sein, dass nicht alle Mitreisenden folgen wollen – eine Rast an dieser Stelle sei unbenommen.

»Der Erfolg einer Intervention hängt von der inneren Verfasstheit des Intervenierenden ab« (Scharmer 2011, S. 37). Oder, in einer anderen Übersetzung: »Der Erfolg einer Intervention hängt von dem inneren Ort ab, aus dem heraus der Intervenierende handelt.« Als dieser Satz, auf den sich Otto Scharmer in Anlehnung an Bill O'Brien immer wieder berief, vor einigen Jahren publik wurde, klang er recht radikal und provokativ. Eine schlichte und fast vergessene Essenz der Wirksamkeit menschlichen Handelns kam dadurch wieder ins Visier. Für mich ist dieser Satz eine gleichermaßen ethische wie pragmatische Klammer für viele der bisherigen Überlegungen. Eine innere Haltung in unserem Sinne ist ein Hybrid, zusammengesetzt aus allerlei Komponenten. Sie ist das Produkt vieler verschiedener Erfahrungen, Begegnungen, Erkenntnisse, Ideen, Überlegungen, Entscheidungen und Verwerfungen aus multiplen Kontexten und Lebenszeiten. All dies kondensiert schließlich zu einer Art innerem Metasystem, dessen Zentrum wir als Wertebindung bezeichnen könnten. Dieses Zentrum ist der innere Ort, aus dem heraus wir handeln.

11.1 Vom Wert der Werte

Gehen wir zunächst einmal einen Schritt zurück. Wenn wir im Zusammenhang mit professionellem Handeln über Ethik und Werthaltungen sprechen, dann ist das zwar ehrenwert, in Bezug auf konkrete Wirksamkeit jedoch nur dann von Belang, wenn sich ein Zusammenhang zwischen Werthaltung und professioneller Kompetenz herstellen lässt. Der eingangs zitierte Satz postuliert nun genau hier eine innige Verbindung. Wie aber ließe sich der hier behauptete Zusammenhang zwischen professioneller Kompetenz und Werthaltung begründen?

Der Physiker und Kompetenzforscher John Erpenbeck[57] hat sich mit diesem Thema eingehend beschäftigt und zieht aus seinen Untersuchungen zu den Bedingungen von Kompetenzentwicklung folgendes Fazit: »Kompetenzen werden durch Wissen fundiert, *durch Werte konstituiert,* durch Erfahrungen konsolidiert und durch Fähigkeiten disponiert.« Aus seiner Sicht fungieren Werte in der Selbstorganisation von sozialen Systemen sowie in der des psychischen Systems von Individuen als »Ordner« oder »Attraktoren«. Kurz gesagt geht das in der Theorie der Synergetik so: Durch die Kollektivbewegung der Teile im System entstehen Ordner. Diese binden die Teile an sich, »versklaven« die Teile und sorgen damit für eine temporäre Ordnung. Werte haben also eine Leitfunktion. Sie sorgen für ein kompetentes und kohärentes Handeln. Sie organisieren sozusagen von innen heraus, welche Gedanken ich denke, welche Entscheidungen ich treffe, kurz, welche Wege ich einschlage. So sind sie ein wichtiger Bestandteil dessen, was wir »innere Haltung« nennen. Werte sind so etwas wie Landmarken für die innere Navigation.

Das alles mag sehr einleuchtend scheinen, dennoch bleibt im systemischen Denken eine tief sitzende Skepsis gegenüber allem, was mit Werteorientierung oder dem Ausflaggen ethischer Prinzipien zu tun hat. Ethik siedelt eben doch bedenklich nah an den Sümpfen der Moralität – ein falscher Tritt, und schon wird man vom Sog des zweiwertigen Denkens erfasst und ins Purgatorium der Gut/Böse- und Richtig/Falsch-Dichotomien hinabgezogen. Da bleibt man lieber in sicherer Distanz. Der Konstruktivismus verwahrt sich gegen jedwede Festlegungen, eher nimmt man den Vorwurf postmodernen Beliebigkeitsdenkens in der öffentlichen Rezeption in Kauf.[58] Selbstverständ-

57 John Erpenbeck (die Namensgleichheit verweist keineswegs auf enge Verwandtschaft) ist in den Personalabteilungen allenthalben durch das von ihm verfasste Kompetenzmessungs-Handbuch bekannt: Erpenbeck (2007). Er hat sich in vielen Veröffentlichungen gegen die Annahme stark gemacht, dass Wissen und Qualifikation bereits Kompetenz ergeben: Erpenbeck (2015). Im Folgenden wird aus seinem Vortrag auf der Jahrestagung des DAGG, Okt. 2003, zitiert.

58 Gleichwohl sei an dieser Stelle vermerkt, dass die »Väter« des Konstruktivismus und des systemischen Denkens – namentlich Bateson, Maturana, Varela, von Foerster und von Glasersfeld – durchaus in unterschiedlicher Intensität die Frage der Ethik in den Blick genommen haben. Das Ergebnis indessen ist recht disparat. Als berühmtes Highlight sei auf die schöne paradoxe Empfehlung von Foersters hingewiesen: » (…) Sprache und Handeln auf einem unterirdischen Fluss der Ethik schwimmen lassen und darauf achten, dass keines der beiden untergeht, sodass Ethik nicht explizit zu Wort kommt und Sprache nicht zur Moralpredigt wird« (1993, S. 68 ff.). Es gilt also, Ethik sowohl zu ignorieren als auch zu beachten!

lich besteht ein grundlegendes Dilemma darin, dass sich der Gedanke kontextabhängiger Realitätskonstruktion absolut nicht mit allgemeingültigen Geboten verträgt. Dieses Dilemma lässt sich schlichtweg nicht lösen. Andererseits ist die Behauptung, es könne keine ethische Absolutheit geben, insofern Unsinn, als sie selbst Absolutheit reklamiert – womit wir also noch ein weiteres Paradoxon hätten.

11.2 Ethische Leitideen

Auch, wenn wir an dieser Stelle dem philosophischen Treiben der systemischen Auseinandersetzung mit Ethik gewiss keine weiteren richtungsweisenden Impulse hinzufügen können, so bleibt doch das Praxisproblem: Als Funktionsbereich in dieser Gesellschaft sind wir als Coachs unweigerlich an den ethisch-moralischen Diskurs angekoppelt, der jeder gesellschaftlichen Entwicklung immanent ist. Dies gilt für unseren Bereich sogar in besonderer Weise, da wir es mit Klientensystemen zu tun haben, die als Wirtschaftsunternehmen im Zentrum dieser Gesellschaftsordnung stehen. Vor diesem Hintergrund scheint es unumgänglich, die eigenen ethischen Positionen, die eigenen Werthaltungen stetig zu reflektieren.

Für viele systemisch arbeitende Menschen ist es unversehens zur Lebensselbstverständlichkeit geworden, dass sie sich einigen Werten des systemischen Denkraums verbunden fühlen, die sich in der Praxis ganz von allein ergeben haben. Einige davon mögen auch in den vorangegangenen Ausführungen hier und da schon aufgetaucht sein. Als Grundannahme sei hier gesetzt, dass man solcherlei Orientierungen zumindest temporär für gültig anerkennen kann – immer verbunden mit der Bereitschaft, die gewonnenen »Gewissheiten« rekursiv infrage zu stellen. Dies geschieht mit der Offenheit für neue Erfahrungen in neuen Kontexten, die die gerade amtierenden Leitideen gegebenenfalls dekonstruieren und verändern können. So ergäbe sich eine zirkuläre Bewegung, eine fortlaufende Schleife, ein Prozess des Lernens und Verstehens durch Konstruieren, Ausprobieren und Verbessern.[59]

Um dem weiteren Nachdenken darüber eine vorläufige Form zu geben, sei hier auf einen Vorstoß zum Thema verwiesen, den von Schlippe bereits vor Jahren unternommen hat. Er skizzierte »Vier ethi-

59 Marianne Krüll (1987 u. 1991) hat den Prozess der steten Weiterentwicklung ethischer Positionen im Rahmen eines systemischen Verständnisses in ein schlüssiges und ermutigendes Konzept gefasst.

sche Grundpositionen systemischer Therapie« (im Folgenden zitiert nach von Schlippe und Schweitzer 2002) und hat damit die Schlussfolgerungen einer kritischen Reflexion der jahrelangen praktischen systemischen Arbeit einzufangen versucht. Es handelt sich hier um eine Handvoll Imperative, die gewissermaßen die wichtigsten Wurzeln einer systemischen Haltung umreißen. Diese Leitsätze stellen insofern den für unsere Belange tauglichsten Versuch einer ethischen Aussage dar, als sie aus der Praxis für die Praxis formuliert worden sind. Im Folgenden möchte ich sie in den Kontext der hier zum Ausdruck gebrachten Gedanken zum Coaching stellen und durch entsprechende Interpretationen ergänzen.

1. Denke und handle ökologisch valide (oder: »Es gibt immer einen größeren Kontext«)!

Mit diesem Leitsatz verbindet sich so etwas wie Achtsamkeit und Weitblick. Immer nach Wechselwirkungen Ausschau zu halten, nach der Dehnung von Grenzen, nach der Ausweitung des Wahrnehmungsradius, danach, dass die Eigenlogik des Kontextsystems gewürdigt wird. Er verweist auch darauf, dass es keinen finalen Zustand von »Verstehen« geben kann, da hinter dem Verstehen immer das neue Rätsel beginnt. Im Coaching bedeutet das zunächst ganz pragmatisch, die organisationalen Gegebenheiten und deren Umwelt stetig im Blick zu behalten und die persönlichen Veränderungsprozesse der Coacheeperson immer wieder daraufhin zu reflektieren. Es verweist auch mittelbar auf die Verpflichtung zur Lauterkeit dem Kundensystem gegenüber. Es bedeutet zu lernen, das Große im Spiegel des Kleinen und das Kleine im Spiegel des Großen zu sehen; und zu wissen, dass der Korridor, der durch den Spiegel im Spiegel entsteht, keinen Anfang und kein Ende hat.

2. Achte auf Definitionen und Bewertungen, die du vornimmst (oder: »Es könnte auch alles ganz anders sein«)!

Dazu könnte eine Haltung der Demut passen, vielleicht auch Zurückhaltung oder Bescheidenheit – eine tastende und gleichzeitig neugierige Hinbewegung, mit eingebauter Skepsis gegenüber Gewissheiten; das Gewahrsein, dass alles, was ich denke und tue, meinem eigenen Skript folgt und möglicherweise völlig unbrauchbar und bedeutungslos für mein Gegenüber sein kann. Und wenn ich noch so überzeugt bin von meinen eigenen Einschätzungen – es braucht nur eine kleine Drehung des Blicks, und schon kann alles geräuschlos in sich zusammenfallen. Geschieht dies, braucht es die Größe, sich ohne Federlesen von dem trennen zu können, was man als gegeben annimmt. Das ist nicht immer einfach, denn an dieser Ecke lauert in der Regel eine persönliche Kränkung. Es geht um die Fähigkeit und Bereitschaft, sich selbst und die eigenen *Überzeugungen* immer wieder infrage zu stellen. Das gilt in letzter Konsequenz auch für die hier zugrunde gelegten ethischen Leitsätze.

3. **Besinne dich auf deine persönliche Verantwortung (oder: »Es gibt kein Richtig und Falsch, aber du bist Teil des Kontextes, und alles, was du tust, hat Konsequenzen!«)!**

Dies scheint das Gravitationszentrum der ethischen Grundpositionen zu sein. Hier geht es explizit um ein systemisches Verantwortungsverständnis. Keiner außer uns selbst, die wir die Erzeuger unserer Wirklichkeiten sind, kann für den Zustand dieser Wirklichkeiten verantwortlich zeichnen. Auch wenn es im systemischen Denken keine Kausalität gibt, keine lineare Verbindung von Ursache und Wirkung, so gibt es doch eine Verantwortung für das eigene Tun und – das sei hinzugefügt – auch für das eigene Lassen. Denn alles, was ich tue, sowie alles, was ich lasse, hat Auswirkungen, die ihrerseits wieder zu Anlässen für Auswirkungen werden. Es geht also um das Gewahrsein, dass ich zwar nichts steuernd bestimmen kann, dass aber dennoch alles, was ich tue oder lasse, ein Impuls ist, der sich auch außerhalb meiner Reichweite weiter fortsetzt. Ein Impuls, für den ich verantwortlich bin – auch wenn ich seine Folgen nicht habe kennen können. Wir alle gestalten mit unserem Handeln die menschliche und dingliche Welt, in jedem Moment, zu jeder Zeit. Ein »Sichraushalten« gibt es nicht, drin bin ich sowieso und immer. Ich habe stets eine Wahl. Ich tue im Lassen, wie ich auch lasse, indem ich Ausgewähltes tue. Dieses Bewusstsein ist nicht zuletzt im Hinblick auf ein gesellschaftlich-politisches Handeln von Belang. Was mir bei alledem obliegt, ist, meine Sinne zu schärfen und nach genauer Prüfung der in meinem Wahrnehmungsradius zugänglichen Informationen etwas zu tun, was ich in dem Moment aufrichtig für das Angemessene halte – um dann aus den Auswirkungen zu lernen und beim nächsten Mal vielleicht etwas anderes tun zu können.

4. Achte darauf, in respektvoller Weise Unterschiede zu schaffen (oder: »Füge dem Bild des/der Klienten etwas Neues hinzu«)!

Dieser Imperativ umschreibt die Aufgabe, Aufgeschlossenheit für das Trennende und für Unterschiede mit Respekt und Empathie gegenüber den Klienten zu verbinden. Man könnte dabei an das Ringen um die richtige Nähe und Distanz denken, an das Oszillieren von Mitschwingen und Reflektieren, an die Balance zwischen bestätigen/würdigen/unterstützen auf der einen und fordern/verstören/konfrontieren auf der anderen Seite, und an Interventionen zur Musterunterbrechung, die von alledem das richtige Maß brauchen. Auch könnte es hier darum gehen, der Kraft der Kokreation zu vertrauen, sich offen zu halten für all das, was man außerhalb des Erwartbaren an Neuem kreieren kann. Diese ethische Grundposition kommt der berühmten Maxime sehr nah, die Heinz von Foerster im Rahmen der konstruktivistischen Theoriebildung als ethischen Imperativ so formuliert hat: »Handle stets so, dass weitere Möglichkeiten entstehen« (von Foerster 1985, S. 60). Darum geht es: Unterschiede zu schaffen, die einen Möglichkeitsraum öffnen, ohne das Gewordene zu denunzieren.

Diesen vier ethischen Grundpositionen möchte ich nun zwei weitere hinzufügen, die einige zentrale Aspekte der hinter uns liegenden Gedankenreise mit einbinden:

5. Widme dich bewusst und gestaltend deinen internalen Prozessen (oder: »Fang bei dir selbst an – alles, was du denkst und fühlst, ist bereits eine Intervention«)!

Im Coachingsystem bin ich zusammen mit der Coacheeperson in einem dynamischen Verbund, in dem wir wechselseitig voneinander abhängig sind. Alles Gedachte, Gefühlte und Gesagte wird zwischen einer beobachtenden Person und einer anderen beobachtenden Person ausgetauscht. So bringen sich die Beobachtungen gegenseitig hervor und formen eine Geschichte. Im systemischen Verständnis bin ich immer selbst Teil des Prozesses, den ich beobachte. Also bin ich auch Teil des Erlebnisprozesses, den mein Gegenüber durchläuft. Das bedeutet im Umkehrschluss, dass mein Gegenüber auch Teil von mir ist. Wenn ich der anderen Person schade, schade ich mir selbst. Und wieder umgekehrt: Wenn ich mit mir selbst schlampig umgehe, behandle ich damit auch mein Gegenüber schlampig. Jegliche innere Verfasstheit, alle Gedanken und Gefühle, jede Haltung zu mir selbst, meinem Gegenüber, zum Leben und zur Welt hat unweigerlich Auswirkungen auf mein Gegenüber. In Bezug auf Coaching und Beratung als soziales System kann das Interdependenzparadigma nur auf diese Weise konsequent zu Ende gedacht werden: In dem Maße, in dem ich die Verantwortung für mich selbst übernehme, sorge ich auch für mein Gegenüber. Verantwortlich bin ich damit für mein eigenes Wohlergehen, für die Beobachtung und bewusste Gestaltung meiner inneren Aufstellung und für meine Handlungsentscheidungen.

6. Begegne deinen KlientInnen mit liebevoller Achtung vor ihrem Eigen-Sinn (oder: »Dein Gegenüber ist genau wie du – nur anders!«)!

Der Aufbau einer achtungsvollen symmetrischen Beziehung ist die Grundvoraussetzung für die Arbeit in der Coachinginteraktion. Mit diesem Leitsatz soll umrissen werden, wie man dies als primäre Gestaltungsaufgabe begreifen kann, die einer beherzten und kontinuierlichen Initiative sowie einer steten Selbstbeobachtung und -steuerung bedarf. In jeder individuellen Klientengeschichte die gestaltende, sinn-stiftende Kraft zu erspüren, die allem Bemühen innewohnt, sie grundsätzlich als kreative Bewältigungsleistung zu schätzen und sie den Klienten als ihren autonomen Selbstentwurf achtungsvoll wieder zu spiegeln, das ist der Boden, aus dem die Arbeitsbeziehung wächst. Dabei geht es nicht darum, sich mit dem Gegenüber zu identifizieren, sondern sich »auf eine Reise zu begeben, in deren Verlauf wir uns selbst und die anderen als unvermeidlich flüchtig und uneinheitlich begreifen lernen« (Varela 1994, S. 70). In diesem Sinne gilt es, den Kontakt vertrauensvoll zu gestalten, dabei bereit zu sein, immer wieder ein persönliches Risiko einzugehen und Spannungen auszuhalten. Das aufrichtige Interesse für das Fremde und das rechte Maß, mich selber als Mensch zur Verfügung zu stellen, das alles gehört hierher. Es gilt schlichtweg, sehr genau zu beobachten, ob ich innerlich und äußerlich so mit meinen Klientinnen und Klienten umgehe, wie ich es selbst gern hätte[60]: achtungsvoll im Kontakt, berührbar als Mensch und transparent im professionellen Handeln.

Es ist schon seltsam, wie einfach und schlüssig sich all das anhört. Und wie schwierig es oft ist, danach zu handeln. Es sei noch einmal betont, dass eine Ethik niemals ohne antagonistische Erfahrungen

60 So einfach und kantnah sieht Gunther Schmidt (2004) die Sache – ohne es extra als ethische Maxime auszuflaggen.

auskommt. So ist vielleicht unser aller Rumhampeln zwischen den Polen nichts anderes als der unzulängliche lebenslange Versuch, die Dinge zwischen uns doch irgendwie ins Lot zu bringen. Das wäre zumindest eine tröstliche Lesart. Wie gesagt: Wir werden auch weiterhin mit Sicherheit flammende Abwertungen vornehmen, Mitmenschen für Vollidioten halten, Dinge mit Überzeugung entweder richtig oder falsch finden, uns gegen Neues und Unbekanntes verschanzen, Unterschiede in den Wind schießen und manchmal völlig unverantwortlich nicht von zwölf bis Mittag denken. Eigentlich kommt es nur darauf an, dass es auch anders geht, dass es eine Wahl gibt – insbesondere im professionellen Handeln.

12 Back Home

So sind wir nun am Ende der Reise angekommen. Vielen Mitreisenden war das Panorama der Themen vermutlich auf die eine oder andere Weise vertraut. Eine Landpartie ist keine Fernreise und ein Ausflug keine Expedition. Und doch mag unsere Erkundung die innere Landkarte um etwas erweitert haben, das sich weitestgehend der kartografischen Erfassung entzieht, gleichwohl aber wegweisend ist. Denn, wie zu erwarten war, haben wir gesehen, wie viele Wege nach Rom führen. Das Wegenetz der professionellen Ansätze ist weitverzweigt und vielgestaltig. Und in den Ballungsgebieten gibt es derartig viele Verbindungswege, dass man in dem dichten Verkehrsnetz ziemlich leicht verloren gehen kann. Und dabei kommt man, wenn's der Teufel will, bisweilen auch mal in Castrop-Rauxel raus statt in Rom.

Selbststeuerung ist ein lichtscheues Thema. Es erfordert einen langen, aufrichtigen und nicht selten anstrengenden Selbsterfahrungsprozess und viel Lernen im Kontakt mit einem Gegenüber.[61] Wenn ich bewusst auf meine inneren Prozesse Einfluss nehmen will, muss ich mich erst einmal selbst beobachten können, mir beschreiben können, was da in mir los ist, es mir dann hinlänglich erklären und das Erklärte bewerten können, um dann gegebenenfalls Gefühle und Handlungsimpulse im Dienste des professionellen Ziels umlenken zu können – nicht mehr und nicht weniger. Selbstreflexion sollte in der Tat zu den Kernkompetenzen von Coachs zählen, wie durchaus einige Stimmen fordern.[62]

Reflexion reicht aber nicht, um in einer angespannten Situation ein mir lieb gewonnenes Copingmuster verlassen zu können. Der schwierigere Teil ist der Umgang mit emotionalen und weitgehend unbewussten Impulsen. Und selbst, wenn ich auch dazu situativ in der Lage bin, ist noch bei Weitem nicht gesichert, dass ich ein ganzes Berufsleben lang so achtsam bleiben werde, es auch kontinuierlich

---

61 Alle, die sich mit dem Thema umfassend und ganz systematisch systemisch auseinandersetzen wollen, werden bei Kannicht und Schmid (2015) einen umfangreichen Abriss von Konzepten und Interventionen finden.

62 Kostede und Dietrich (2015) zum Beispiel haben sich hierzu in jüngster Zeit zu Wort gemeldet und auf die fundamentale Wichtigkeit selbstreflexiver Kompetenz bei Coachs hingewiesen.

zu tun. Da heißt es immer auf's Neue: bei sich selbst anfangen. Für diese Arbeit gibt es keine Ziellinie, keinen Zustand der Vollendung, keine finale Reifeprüfung, keinen zertifizierten Abschluss. Es ist eine immerwährende Suche, eine stete Aufmerksamkeit auf die sich verselbstständigenden inneren Prozesse, eine immer wieder neu entstehende Bereitschaft zur Veränderung. Es geht um das Wachhalten der Neugier, um den Mut, unentwegt über selbstgelegte Fußangeln stolpern, darüber lachen und daraus lernen zu können.

In diesem Sinne haben wir auf unserer Reise einige Hauptverkehrsadern gekreuzt, sind eine Weile gut befestigten Wegen gefolgt und haben sie auch immer wieder verlassen, um die beschwerlicheren Trampelpfade mit der ungewöhnlichen Aussicht zu nehmen. Dabei kamen vielleicht durch die verschiedenen Brillen hier und da neue Sichtweisen auf alte Sehenswürdigkeiten zustande, vielleicht haben wir auf bisher unbekannten Brücken ein paar Gräben überschritten, vielleicht ermöglichte die Annäherung aus ungewohnten Himmelsrichtungen auch mal eine veritable Entdeckung. So ist zu hoffen.

Zurück im heimatlichen Hause kommen wir natürlich auf die Frage der inneren Haltung zurück: Was ist denn nun damit? Was haben wir über unseren eingangs erwähnten »Hausgeist« gelernt? Ist das Befremden vergangen? Schielen wir weniger verstohlen in die dunklen Ecken des Hauses? Können wir den Geist jetzt besser dingfest machen, wissen wir mehr über sein Wesen und darüber, wie mit ihm umzugehen ist? Über sein Wesen wissen wir im vorliegenden Fall nur, dass es nicht systemisch-reinrassig ist, sondern eher eine Promenadenmischung. Aber guter alter Sitte folgend sind uns Wesen und Eigenschaften ja auch eher schnuppe. Für uns sind die Auswirkungen seiner Anwesenheit wichtig. Und die lassen sich jetzt deutlich besser beschreiben: Die Geistes-Gegenwart konstituiert Kompetenz, organisiert Handeln und reguliert Beziehungsgestaltung. Ohne sie wäre das Haus ziemlich öde und unser Tun darin denkbar *uninspiriert*. Insgesamt ist sie also ein großer Gewinn, der sogar weit über den Rahmen des Beruflichen hinausgeht.

In einer persönlichen Sprache ließe sich das in etwa so skizzieren: Je mehr es mir gelingt, dem anderen im Sinne seiner ihm innewohnenden Eigenlogik liebevoll auf die Spur zu kommen, desto milder kann ich auch mich selbst und vor allem meine Anstrengungen betrachten, einigermaßen gut durch die Zumutungen des Lebens zu gelangen. Es geht immer nur um eine in sich stimmige Geschichte –

egal, wie abseitig und leidvoll das Ergebnis der Bemühungen bisweilen ausfällt. So hat die kontinuierliche Arbeit in diesem Geiste einen bemerkenswerten positiven Rückkopplungseffekt, der hier zu guter Letzt unbedingt erwähnt werden sollte: Ich stoße damit nicht nur bei einem Gegenüber etwas an, es verändert auch mich selbst. Langsam und stetig entwickelt sich auf diese Weise eine kräftige und ausgesprochen geländegängige Mischung aus Demut und Mut.

Dazu gehört zu wissen, dass ich da, wo ich grad hinschaue, immer nur das sehe, was ich sehe, niemals aber das, was ist; ernst zu nehmen, dass der Eigen-Sinn des Systems, mit dem ich mich beschäftige, niemals zulässt, dass ich über das System bestimmen kann; dass ich aber in der Verantwortung bin, Impulse zu setzen, etwas in Bewegung zu bringen, um dann zu erleben, was geschieht, und daraus stetig mehr über die Bedingung der Möglichkeit zu lernen. Diese Einstellung kann uns – begleitet von den unterschiedlichsten Arbeitsansätzen – durch alle beruflichen Kontakte in Coaching, Training und Beratung tragen. Es ist die Konstante in einem sich ständig bewegenden Feld. Eine spezifische Art der Präsenz, eine Hinwendung im Kontakt, die sich jedes Mal von Neuem in unaufgeregter Gewohnheit vollzieht – unabhängig von Methoden und Denkschulen. Eine innere Haltung eben.

»And the end of all our exploring
Will be to arrive where we started
And know the place for the first time.«
T. S. Eliot

Danksagung

Ich danke
allen voran meinem langjährigen Netzwerkkollegen und Freund Louis Klein für seine kundige und beherzte Unterstützung. Ohne ihn hätte das Buch nicht zu seiner vorliegenden Form gefunden.

D. D. für die ungezählten Gespräche, Reflexionen und leidenschaftlichen Auseinandersetzungen in den Jahren geteilter Berufserfahrung. Sie sind der immerwährende Soundtrack meiner Gedanken.

K. G. für Langmut und kulinarische Fürsorge in den ersten Wochen.

J. A. für seine beständige mentale und emotionale Teilhabe.

D. P. für ihre unbeirrbare Begeisterung.

P. G. für ein Ermutigungslied.

U. M. für liebevollen Zuspruch und einige wichtige Hinweise und Korrekturen.

F. B. S. für ein geneigtes Ohr und ein klärendes Wort.

Literatur

Aristoteles (2006): Über die Seele. Berlin (Akademie).

Berne, E. (1967): Spiele der Erwachsenen. Reinbek b. Hamburg (Rowohlt).

Bion, W. R. (2009): Aufmerksamkeit und Deutung. Frankfurt a. M. (Brandes & Apsel).

Buber, M. (1962): Schriften zur Philosophie. In: Ders.: Werke. Bd. 1. München (Kösel).

Ciompi, L. (1998): Affektlogik. Stuttgart (Klett-Cotta).

Dreitzel (2004): Gestalt und Prozess. Bergisch Gladbach (EHP).

Eliot, T. S. (1951): Ausgewählte Gedichte. Übertragen von N. Wydenbruck. Frankfurt (Suhrkamp).

Ehrenberg, D. B. (1996): Jenseits der Wörter. Zur Erweiterung der psychoanalytischen Interaktion. Stuttgart (Klett-Cotta).

Erpenbeck, J. u. W. Sauter (2015): Wissen, Werte und Kompetenzen in der Mitarbeiterentwicklung: Ohne Gefühl geht in der Bildung gar nichts. Wiesbaden (Springer).

Erpenbeck, J. u. L. von Rosenstiel (Hrsg.) (2007): Handbuch Kompetenzmessung: Erkennen, verstehen und bewerten von Kompetenzen in der betrieblichen, pädagogischen und psychologischen Praxis. Stuttgart (Schäffer-Poeschel).

Foerster, H. von (1985): Das Konstruieren einer Wirklichkeit. In: P. Watzlawick (Hrsg.): Die erfundene Wirklichkeit. Wie wissen wir, was wir zu wissen glauben. Beiträge zum Konstruktivismus. München (Piper).

Foerster, H. von (1993): KybernEthik. Berlin (Merve).

Goffman, E. (1969): Wir alle spielen Theater. München (Piper).

Haan, de E. (2013): Coaching-Studie: Auf die Beziehung kommt es an. *Wirtschaft und Weiterbildung* 7/8.

Harris, T. A. (1973): Ich bin o.k., Du bist o.k. Reinbek b. Hamburg (Rowohlt).

Heimann, P. (2016): Gegenübertragung und andere Schriften zur Psychoanalyse: Vorträge und Aufsätze aus den Jahren 1942–1980. Stuttgart (Klett-Cotta).

Hüther, G.: (2005): Bedienungsanleitung für ein menschliches Gehirn. Göttingen (Vandenhoeck & Ruprecht).

Johnstone, K. (1993): Improvisation und Theater. Berlin (Alexander).

Juul, J. (2006): Was Familien trägt. München (Kösel).

Kahnemann, D. (2012): Schnelles Denken, langsames Denken. München (Siedler).

Kannicht, A. u. B. Schmid (2015): Einführung in systemische Konzepte der Selbststeuerung. Heidelberg (Carl-Auer).

König, K. (2010): Gegenübertragung und die Persönlichkeit des Psychotherapeuten. Frankfurt a. M. (Brandes & Apsel).

König, O. (1998): Macht in Gruppen. München (Pfeiffer).

Königswieser, R., R. Wimmer u. F. Simon (2013): Back to the roots? Die neue Aktualität (systemischer) Gruppendynamik. *OrganisationsEntwicklung* 1.

Kostede, D. u. Dietrich, V. (2015): Selbstreflexion als Anforderung an Coachs. Studie. *Coaching-Newsletter* 5.

Krüll, M. (1987): Systemisches Denken und Ethik. Politische Implikationen der systemischen Perspektive. *Zeitschrift für systemische Therapie* 5 (4).

Krüll, M. (1991): Ethische und politische Dimensionen systemischer Theorie und Praxis. In: L. Reiter u. C. Ahlers (Hrsg.): Systemisches Denken und therapeutischer Prozess. Heidelberg (Springer).

Laloux, F. u. M. Kauschke (2015): Reinventing Organizations. München (Franz Vahlen).

Loebbert, M. (2015): Coaching Theorie. Wiesbaden (Springer).

Looss, W. (2003): Machen Sie eine Intervention oder sind Sie eine? Systemische und gestaltorientierte Annäherungen an das beraterische Handwerk. *Profile, Internationale Zeitschrift für Veränderung, Lernen, Dialog* 5.

Meier, N. (2015): Ist Coaching Therapie? Eine Abgrenzung zu Heilpraxis und Psychotherapie anhand der gängigen Rechtslage. *Coaching Magazin* 2.

Mücke, K. (2009): Probleme sind Lösungen. Potsdam (ÖkoSysteme).

Perls, F. S., R. F. Hefferline u. P. Goodman (1979): Gestalttherapie. Stuttgart (Klett-Cotta).

Racker, H. (2002): Übertragung und Gegenübertragung. Studien zur psychoanalytischen Technik. München (Reinhardt).

Rauen, C. (2014): Coaching. Göttingen (Hogrefe).

Scharmer, C. O. (2011): Change Management morgen – 13 Thesen. *OrganisationsEntwicklung* 4.

Scharmer, C. O. (2009): Theorie U – Von der Zukunft her führen. Presencing als soziale Technik. Heidelberg (Carl-Auer).

Schlippe, A. von u. J. Schweitzer (2002): Lehrbuch der systemischen Therapie und Beratung. Göttingen (Vandenhoeck & Ruprecht).

Schmid, B. (2008): Systemische Professionalität und Transaktionsanalyse. Bergisch Gladbach (EHP).

Schmidt, G. (2004): Liebesaffären zwischen Problem und Lösung. Heidelberg (Carl-Auer).

Schmidt, G. (2005): Einführung in die hypnosystemische Therapie und Beratung. Heidelberg (Carl-Auer).

Schmidt, G. (2007): Systemische und hypnotherapeutische Konzepte für Coaching Persönlichkeitsentwicklung. Müllheim (Auditorium Netzwerk).

Schwing, R. u. A. Fryszer (2007): Systemisches Handwerk. Göttingen (Vandenhoek & Ruprecht).

Schwarz, G. (1985): Die »Heilige Ordnung« der Männer. Patriarchalische Hierarchie und Gruppendynamik. Opladen (Westdeutscher Verlag).

Shazer, S. de (1988): Clues, Investigating, Solutions in Brief Therapie. New York (Norton Company).
Simon, F. B. u. G. Weber (2004): Vom Navigieren beim Driften. Heidelberg (Carl Auer).
Simon, F. B., U. Clement u. H. Stierlin (2004): Die Sprache der Familientherapie: ein Vokabular. Kritischer Überblick und Integration systemtherapeutischer Begriffe, Konzepte und Methoden. Stuttgart (Klett-Cotta).
Simon, F. B. (2010): Einführung in die Systemtheorie des Konflikts. Heidelberg (Carl-Auer)
Sparrer, I. (2006): Systemische Strukturaufstellungen. Heidelberg (Carl-Auer).
Stanislawski, K. S. (1961a): Die Arbeit des Schauspielers an sich selbst, 2 Bde. Berlin (Henschel).
Stanislawski, K. S. (1961b): Die Arbeit des Schauspielers an der Rolle. Berlin (Henschel).
Storch, M. (2010): Machen Sie doch, was Sie wollen. Bern (Huber).
Storch, M. u. F. Krause (2014): Selbstmanagement ressourcenorientiert. Bern (Huber).
Thomann, C. u. F. Schulz von Thun (2006): Klärungshilfe, 3 Bde. Reinbek b. Hamburg (Rowohlt).
Uebernickel, F. et al. (2015): Design Thinking. Das Handbuch. Frankfurt a. M. (Frankfurter Societäts-Medien).
Watzlawick, P., J. H. Beavin u. D. D. Jackson (1969): Menschliche Kommunikation. Bern (Huber).
Watzlawick, P. (1983): Anleitung zum Unglücklichsein. München (Piper).
Welter-Enderlin, R. u. B. Hildenbrand (1998): Gefühle und Systeme, Heidelberg (Carl Auer).
Varela, F. J. (1994): Ethisches Können. Frankfurt (Campus).
Yalom, I. D. (1989): Existenzielle Psychotherapie. Köln (EHP).

Über die Autorin

© Jurga Graf Photography

Mechtild Erpenbeck, Dipl. Päd., Psychologin, Senior Coach (DBVC) und Lehrcoach, Supervisorin und Lehrsupervisorin (DGSv), Gruppendynamikerin (DGGO), Systemische Beraterin, Theaterregisseurin und -autorin; Inszenierungen an zahlreichen Stadt- und Landesbühnen, Gründung und Leitung einer Theatercompagnie in Berlin; seit 1998 in verschiedenen Praxisfeldern der Unternehmens- und Individualberatung tätig, insbesondere Führungskräfteentwicklung, Executive Coaching und Konfliktmoderation; Lehrtätigkeit an verschiedenen deutschen Hochschulen. Seit 2008 Ausbildung von Business Coaches; Leitung der Beratungspraxis CONSULTACT, Berlin; Autorin verschiedener Fachpublikationen, u. a. *Mitschwingen und Dazwischengehen. Systemisch-gruppendynamische Prozesskompetenz in Beratung und Training* (2022).

Kontakt: *www.consultact.de*

Michael Rautenberg

Zen in der Kunst des Coachings

Mit einem Vorwort
von Wolfgang Looss

Mit Illustrationen
von Marie Hübner

200 Seiten, Kt, 2020
ISBN 978-3-8497-0354-7

„Taoismus und Zen sind die älteren Geschwister des systemischen Denkens. Ihre Familienähnlichkeit besteht darin, dass sie die Welt als paradox organisiert beobachten. Das heißt für den Menschen, dass er mit logisch unauflösbaren Widersprüchen, Ambiguitäten, schnellem Wandel und Unentscheidbarkeit umgehen muss. Wie in einem Boot auf einem reißenden Strom muss er sich aktuell immer wieder neu auf eine sich ändernde Umwelt einstellen. Analog gilt für den Coach, dass er sich auf einen dialogischen Prozess einlassen muss, dessen Strömungen er nicht kontrollieren kann, den er aber dennoch steuern kann. Dies ist kein blosses Handwerk, sondern eine Kunst. Sehr erhellend und hilfreich, wie Michael Rautenberg die Gemeinsamkeiten östlicher Philosophie und westlicher Systemtheorie für die Praxis des Coaching nutzbar macht."

Fritz B. Simon

„Michael Rautenberg hat ein hoch reflektiertes und von Praxiserfahrung gesättigtes Buch geschrieben. Es weckt in seinen Leserinnen und Lesern das ehrliche Interesse an anderen Menschen, die Freude an der Lebendigkeit jedes Einzelnen und die Gelassenheit, Wachstumsprozesse ergebnisoffen zu begleiten. Unbedingt lesenswert – nicht nur für Coachs!"

Prof. Michael Bongardt

Carl-Auer Verlag • www.carl-auer.de